Elizabeth Lascano

SNS: O seu impacto no desempenho académico dos estudantes universitários

Elizabeth Lascano

SNS: O seu impacto no desempenho académico dos estudantes universitários

ScienciaScripts

Imprint
Any brand names and product names mentioned in this book are subject to trademark, brand or patent protection and are trademarks or registered trademarks of their respective holders. The use of brand names, product names, common names, trade names, product descriptions etc. even without a particular marking in this work is in no way to be construed to mean that such names may be regarded as unrestricted in respect of trademark and brand protection legislation and could thus be used by anyone.

Cover image: www.ingimage.com

This book is a translation from the original published under ISBN 978-620-2-05049-4.

Publisher:
Sciencia Scripts
is a trademark of
Dodo Books Indian Ocean Ltd. and OmniScriptum S.R.L publishing group

120 High Road, East Finchley, London, N2 9ED, United Kingdom
Str. Armeneasca 28/1, office 1, Chisinau MD-2012, Republic of Moldova, Europe
Printed at: see last page
ISBN: 978-620-8-24334-0

ÍNDICE DE CONTEÚDOS:

CAPÍTULO 1. INTRODUÇÃO

Este capítulo apresenta uma visão geral sobre o estudo, o quadro concetual do estudo, os problemas do estudo e a importância do estudo.

Antecedentes do estudo

"As redes sociais não se resumem a sítios Web.
Trata-se de experiências. "
- Mike DiLorenzo

"A inovação tem de fazer parte da nossa cultura. Os consumidores estão a transformar-se mais rapidamente do que nós e, se não os apanharmos, estamos em apuros. "
- Ian Schafer

A sociedade atual baseia-se na tecnologia, em que os avanços tecnológicos quase revolucionaram as formas e os padrões da vida pessoal e profissional de hoje e, entre todas estas mudanças, a evolução da Internet abrangeu quase todas as áreas da vida humana. Uma rede que foi basicamente desenvolvida para fins militares dos EUA tornou-se um conjunto de conhecimentos e entretenimento, de tal forma que tudo o que se faz gira em torno da Internet; além disso, a Internet também tem servido como um forte meio de comunicação (Ahmed, 2011). O primeiro serviço de Internet útil para as massas foi o correio eletrónico. Depois, surgiu a primeira rede gráfica sob a forma de sítios Web. Hoje em dia, esta vasta rede transformou-se numa verdadeira rede mundial acessível aos utilizadores comuns, tornando a Internet num fenómeno generalizado. O acesso à Internet pode ser feito em casa, nos cibercafés, nos escritórios, nos quiosques Internet, nos cafés e em qualquer outro lugar onde haja uma reunião de pessoas para fins sociais ou comerciais. O que contribui ainda mais para o crescimento da utilização da Internet é a expansão de dispositivos como computadores de secretária, computadores portáteis e smartphones. Assim, a Internet não só cresceu em popularidade como se tornou uma necessidade na vida das pessoas. Nos últimos anos, a Internet expandiu-se com aplicações poderosas, como blogues, mensagens instantâneas, comércio eletrónico, VoIP (que inclui comunicação de voz ponto a ponto), vídeo, notícias em linha, podcasting, jogos multijogadores, partilha de fotografias, mapas em linha, serviços de GPS e muitos outros termos que entraram no vocabulário à medida que estes serviços se tornaram populares entre os utilizadores da Internet. À medida que a Internet foi surgindo com serviços cada vez mais sofisticados, empresários inspirados juntaram muitos destes serviços em sítios que tinham como objetivo ligar as pessoas. De acordo com Thomas (2007), era natural que as pessoas começassem a utilizar a Internet como mais do que apenas um meio de procurar informação. Todos os dias surgem novos sítios de redes sociais e as pessoas tiram partido deles. Com as fontes da Internet e os sítios de redes sociais a tornarem-se tão comuns, tornou-se mais do que evidente que a sociedade começou oficialmente a depender demasiado da Internet e da tecnologia.

Uma dessas mudanças é a proeminência de que os sítios Web de redes sociais gozam atualmente, especialmente entre as gerações mais jovens, o que abriu caminho à revolução das redes sociais. A revolução dos sítios de redes sociais (SNS) impulsionou o enorme crescimento da utilização da Internet. Dois terços do total de utilizadores da Internet em todo o mundo são os que visitam blogues ou sítios de redes sociais e consomem dez por cento do tempo de Internet (blog.nielsen.com, 2012). Sessenta e cinco por cento da utilização da Internet é constituída pela utilização de SRS (www.socialadblog.com, 2012).

O software de redes sociais foi definido como espaços em linha que permitem aos indivíduos apresentarem-se, articularem as suas redes sociais e estabelecerem ou manterem ligações com outros. Entre outras coisas, os sítios de redes sociais permitem que os membros publiquem informações pessoais e fotografias, comuniquem entre si e se liguem a utilizadores com interesses semelhantes, tudo num ambiente em linha. As redes sociais em linha centram-se na construção e no reflexo de relações sociais entre pessoas que partilham interesses e/ou actividades. A maioria das redes sociais permite que os utilizadores mantenham perfis de si próprios e listas de amigos. Estas redes sociais incentivam as pessoas a partilharem as suas experiências pessoais com outras pessoas através de música, vídeos e outros meios de comunicação. As redes sociais são criadas para entreter e interagir com outras pessoas, mesmo que estejam a quilómetros de distância.

Cada pessoa que se torna membro de um SRS tem a oportunidade de criar a sua própria página web ou "perfil", que é suposto ser visto como um reflexo da personalidade dessa pessoa (Tufekci, 2008). Ao utilizar este perfil pessoal, é possível construir toda uma rede social com base nas suas preferências pessoais (Boyd & Ellison, 2007). De um modo geral, as redes sociais em linha permitem que os indivíduos se mantenham em contacto social relativamente próximo com outros através da utilização destes sítios Web. Estes sítios têm sido descritos como "facilitadores de relações" que ajudam os indivíduos a estabelecer ligações com outros (Cain, 2008). Isto está de acordo com a ideia de Richardson (2006) de que a maior mudança na nossa relação com a Internet pode não ser tanto a capacidade de publicar, mas sim a capacidade de partilhar, ligar e criar com muitas e muitas outras pessoas com as mesmas ideias e interesses. No entanto, os sítios de redes sociais têm apenas um objetivo comum. Trata-se de incentivar novas formas de comunicar e partilhar informações (Banquil, *et al.*, 2009).

Globalmente, de acordo com o mapa mundial das redes sociais (2010), existem muitos tipos de sítios de redes sociais, como o Facebook, o Twitter, o Friendster, o You Tube, o Myspace, o LinkedIn, o Multiply, etc., que estão a ser utilizados em todo o mundo. Por exemplo, na Rússia, domina uma rede social chamada V Kontakte, enquanto no Brasil e na Índia há utilizadores ávidos do Orkut. O Hi5 é muito popular na América Central, no Peru, na Mongólia e na Tailândia, enquanto os sul-coreanos adoram o Cyworld. Os malaios gostam tanto do Friendster que estão entre os seus utilizadores mais ávidos. De facto, segundo todos os relatos, os malaios são adeptos ávidos dos sítios de redes sociais. Como já foi referido, os malaios são grandes utilizadores do Friendster e também do MySpace. Os malaios contam-se também entre os bloguistas mais prolíficos, estando alegadamente entre os três primeiros a nível mundial no Blogger.com. O Facebook, como é óbvio, é a rede social atualmente em voga na Malásia. Cerca de 100 000 malaios estão a aderir ao Facebook todos os meses, para além dos 1,4 milhões de malaios que já estão a bordo. No Facebook, os malaios trabalham ativamente em rede uns com os outros em grupos sociais e de trabalho, causas e páginas. O Facebook tornou-se uma ferramenta muito popular para promover ou partilhar praticamente tudo (Ishak, 2012). Na China, utilizam a rede social de língua chinesa QQ, que é considerada a rede social número um na China e conta com mais de 300 milhões de utilizadores. Existem algumas outras redes sociais que dominam em regiões ou países específicos.

Nas Filipinas, por exemplo, as redes sociais registaram um avanço espantoso nos últimos anos. Quando começaram, eram utilizadas apenas para encontrar velhos amigos ou conhecer novos. Hoje em dia, as pessoas utilizam-nas para se manterem em contacto, para partilharem conteúdos multimédia (vídeos de música e fotografias), para criarem uma comunidade de pessoas com interesses comuns e para entretenimento pessoal. É também um dos meios mais rápidos de divulgação de informação em todo o mundo. Devido ao seu bom impacto nos negócios e no marketing, algumas empresas já estão a dar prioridade ao marketing digital para as suas marcas. Este ano, as Filipinas estão incluídas na lista dos *dez principais centros de redes sociais da Ásia.* Os utilizadores de redes sociais do país apresentaram o nível mais elevado de envolvimento em sítios de redes sociais, com uma média de 5,5 horas por visitante em fevereiro. Deste número, os visitantes que frequentam as redes sociais registam uma média de 26 vezes. Os principais sítios de redes sociais nas Filipinas em 2010 são o Facebook, o YouTube, o Blogger, o Twitter, o Multiply, o Friendster, o Tumblr, o Plurk, o Flicker e o Linkedln (http://en. Wikipilipinas.org). As redes sociais são uma das actividades mais activas na Internet nas Filipinas, sendo os filipinos declarados como os utilizadores mais activos numa série de sítios de redes sociais na Internet, como o Friendster, o Facebook, o Multiply e o Twitter. As redes sociais são também utilizadas nas Filipinas como material de campanha eleitoral e como instrumentos de investigação criminal. Um estudo publicado pela Universal McCann (2010) intitulado "Power to the People - Wave3" declarou as Filipinas como "a capital mundial das redes sociais", com 83% dos filipinos inquiridos a serem membros de uma rede social. Os filipinos são também considerados como os que mais carregam fotografias e visualizam vídeos na Web, enquanto ocupam o segundo lugar no que respeita ao número de leitores de blogues e de carregadores de vídeos. Com mais de 7,9 milhões de filipinos a utilizar a Internet, 6,9 milhões deles visitam um sítio de rede social pelo menos uma vez por mês. Por vezes, o Friendster tem sido o sítio Web mais visitado nas Filipinas, bem como na Indonésia, de acordo com o sítio de monitorização da Web Alexa. David Jones, vice-presidente de marketing global do Friendster, disse que a maior percentagem de utilizadores (do site) é das Filipinas, com 39% do tráfego do site. Acrescentou ainda que, só em março de 2008, o Friendster registou 39 milhões de visitantes únicos, dos quais 13,2 milhões eram das Filipinas. Entretanto, o presidente e fundador da Multiply, Peter Pezaris, afirmou que os utilizadores filipinos do seu site constituem o maior e mais ativo grupo em termos de número de subscritores e de fotografias carregadas diariamente. Cerca de 2,2 milhões dos mais de nove milhões de utilizadores registados no Multiply são filipinos, ultrapassando mesmo as nacionalidades com uma base populacional maior, como os Estados Unidos, a Indonésia e o Brasil. Além disso, um milhão de fotografias são carregadas por filipinos no Multiply todos os dias, o que representa metade do seu número total em todo o mundo. Sessenta por cento dos utilizadores filipinos do Multiply são do sexo feminino, enquanto setenta por cento têm menos de 25 anos. Em comparação, os utilizadores filipinos do Friendster têm idades compreendidas entre os 16 e os 30 anos, sendo 55% do sexo feminino (http://en.wikipilipinas.org, 2011).

Na Região Administrativa de Cordillera, as instituições e os organismos públicos e privados utilizam os sítios de redes sociais. Os sítios de redes sociais são utilizados no âmbito do seu trabalho ou a título pessoal. A província de Benguet, em particular, tem a sua própria conta no Facebook. A nível local, a Universidade Estatal de Benguet também tem a sua conta no Facebook com o objetivo de permitir que os utilizadores se liguem à Universidade Estatal de Benguet. Esta conta é actualizada pelo Gabinete do Presidente - Gabinete de Assuntos Públicos da Universidade (OP-UPAO).

De acordo com Cain (2008), os sítios de redes sociais em linha estão a começar a ganhar mais atenção por parte das instituições de ensino superior. Os sítios de redes sociais estão agora a ser investigados por numerosos investigadores das ciências sociais e um número crescente de comentadores académicos está cada vez mais interessado em estudar o Facebook, o Twitter e outros serviços de redes sociais, devido ao seu provável impacto na sociedade e na educação.

Tal como referido por Martin (2009) no artigo de Stollak, et al. (2011), a Whittemore School of Business and Economics realizou recentemente um inquérito a mais de 1000 estudantes. Fizeram perguntas sobre quais os sítios de redes sociais que utilizavam, quanto tempo passavam num sítio, qual era a sua média de notas (GPA) e para que é que iam à escola. Concluiu-se que não há correlação entre o tempo passado num sítio de rede social e as notas.

A Universidade de New Hampshire concorda e acredita que os actuais estudantes universitários cresceram na era da tecnologia e que as redes sociais fazem agora parte da rotina diária dos estudantes. A sua investigação mostra que sessenta e três por cento dos utilizadores intensivos receberam notas altas, em comparação com sessenta e cinco por cento dos utilizadores ligeiros (U of NH, 2009). A Universidade de New Hampshire afirmou que a maioria dos estudantes utiliza as redes sociais para estabelecer ligações sociais e para entretenimento, mas também para fins educativos e profissionais (Stollak et al., 2011).

A Universidade Northwestern publicou uma investigação que afirma que os sítios de redes sociais não estão a afetar os GPA dos estudantes. De facto, a origem étnica e a educação dos pais parecem ter mais influência do que a quantidade de tempo utilizado nos sítios de redes sociais. Os investigadores da Northwestern consideram que a utilização das redes sociais não afectou a diferença entre os GPA dos estudantes do sexo masculino e feminino ou dos estudantes brancos e afro-americanos. No entanto, a utilização das redes sociais eliminou a diferença nos GPAs entre os alunos cujos pais tinham diferentes níveis de ensino superior (Cheng, 2010). Quando os pesquisadores controlaram a demografia da educação dos pais, parecia haver uma relação positiva entre o uso da Internet e a GPA (Stollak et al., 2011).

Nas Filipinas, também foi efectuado um estudo semelhante, nomeadamente na Universidade de Sto. Tomas, em Manila. De acordo com o inquérito realizado, 22 dos 35 estudantes afirmam que utilizam a Internet quase todos os dias. Setenta e sete por cento dos estudantes inquiridos afirmam que utilizam a Internet principalmente para entretenimento. Com base numa sondagem realizada pelo grupo de investigadores de 24 a 29 de setembro de 2009, 109 das 190 pessoas que têm contas em sítios Web de redes sociais concordam que os sítios de redes sociais afectam negativamente o desempenho académico. Entre os inquiridos, cinquenta e sete por cento afirmam que estes sítios são a causa de distracções que conduzem a notas baixas, enquanto apenas quarenta e três por cento afirmam o contrário. 25 dos 35 estudantes que utilizam a Internet afirmam que consultam estes sítios de redes sociais em vez de estudarem. Com base nas provas e nos dados que se seguem, pode inferir-se que os sítios de redes sociais podem prejudicar e constituir um obstáculo ao percurso académico dos estudantes. Os sítios de redes sociais estão, portanto, a afetar negativamente o desempenho escolar (Banquil, et al., 2009).

Devido à crescente popularidade dos sítios de redes sociais, este fenómeno emergente levou a que este estudo se debruçasse sobre os sítios de redes sociais e o seu impacto no desempenho académico dos estudantes universitários. Especificamente, o objetivo deste estudo é conhecer a finalidade dos estudantes universitários na utilização da Internet, determinar quais os sítios de redes sociais mais utilizados, descobrir se existem diferenças na frequência de utilização dos sítios de redes sociais e no seu nível de interesse quando avaliados de acordo com a natureza do curso e o género, verificar o impacto dos sítios de redes sociais no desempenho académico dos estudantes e concluir se existe uma relação entre a frequência de utilização dos sítios de redes sociais e o impacto dos sítios de redes sociais no desempenho académico dos estudantes universitários.

O âmbito deste estudo é discutir a natureza, o significado, o valor e as razões da utilização de sítios de redes sociais entre os estudantes universitários de hoje, e a forma como estes afectam o seu desempenho académico. A população-alvo desta investigação é definida como os estudantes que constituem a maior parte dos utilizadores destes sítios de redes sociais e, tal como citado no artigo de Ahmed et al. (2011), Pasek et al. (2006) consideraram-nos os pilares da nação. O foco do estudo são os estudantes universitários da Universidade Estatal de Benguet. Como os estudantes são considerados os recursos mais valiosos, eles precisam perceber sua própria posição em termos de dependência de SRS e consciência de suas notas. Além disso, este estudo pretende fornecer elementos que solidifiquem o apoio ao controlo da utilização dos sítios de redes sociais, reduzindo assim o risco de assimilação de tais actividades viciantes. Por último, o resultado deste estudo beneficiará os estudantes em termos de enriquecimento das suas competências interpessoais através dos sítios de redes sociais.

Quadro concetual

Esta investigação teve em consideração os diferentes conceitos abordados nesta secção para concluir o impacto dos sítios de redes sociais no desempenho académico dos estudantes universitários. A Figura 1 explica a relação entre as diferentes variáveis utilizadas neste estudo. A variável independente são os sítios de redes sociais: Facebook, YouTube, Blogger, Twitter, Multiply, Friendster, Tumblr, Plurk, Flickr e LinkedIn. As variáveis moderadoras são a natureza do curso e o género. De acordo com Garin (2012, entrevista), os cursos técnicos são programas baseados em ciências, como a Licenciatura em Ciências Agrícolas (BSA), a Licenciatura em Ciências Empresariais Agrícolas (BSAB) e a Licenciatura em Ciências Florestais (BSF), enquanto os cursos não técnicos são programas não baseados em ciências, como a Licenciatura em Ensino Básico (BEE), a Licenciatura em Ensino Secundário (BSE) e a Licenciatura em Biblioteconomia e Ciência da Informação (BLIS). As variáveis dependentes incluem a frequência de utilização: sempre, frequentemente, raramente e nunca; o nível de interesse: muito interessado, moderadamente interessado, menos interessado e não interessado; e o nível de impacto no desempenho académico dos estudantes universitários: impacto elevado, impacto moderado, impacto reduzido e nenhum impacto.

As relações entre as variáveis do estudo consistem em conhecer a frequência de utilização dos inquiridos dos diferentes sítios de redes sociais, tais como Facebook, YouTube, Blogger, Twitter, Multiply, Friendster, Tumblr, Plurk, Flickr e Linkedln; se está a ser utilizado sempre, frequentemente,

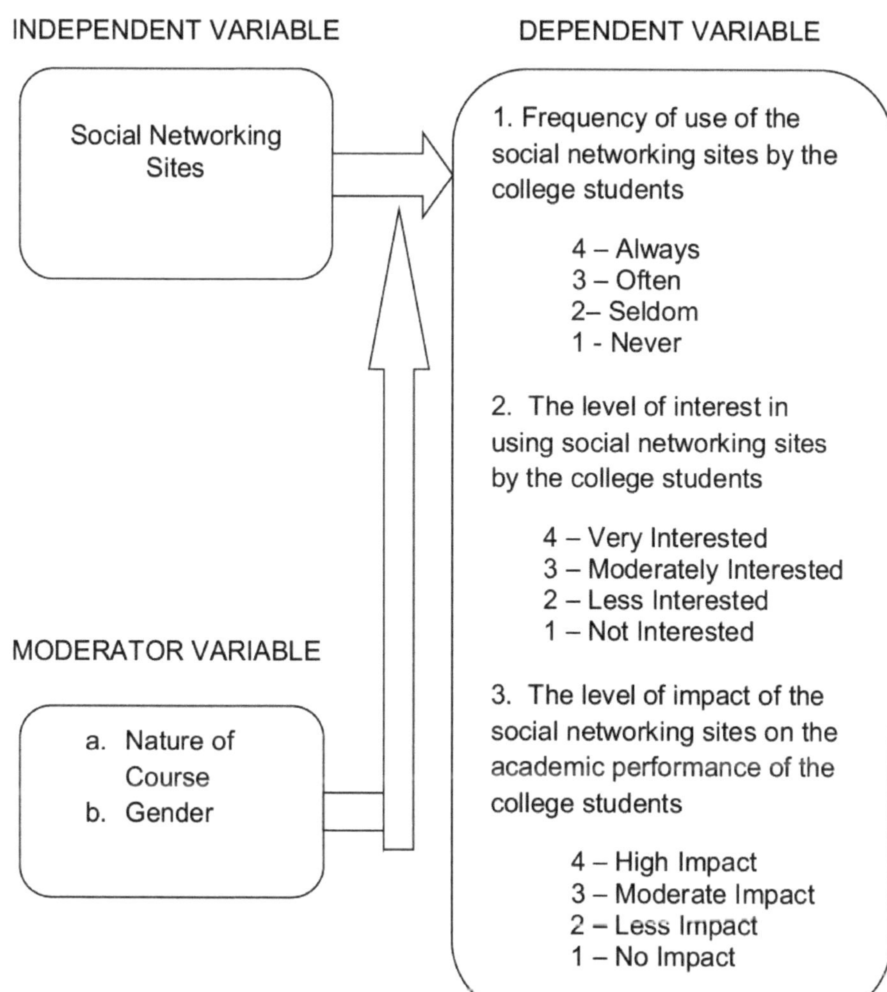

Figura 1. Paradigma do estudo

Às vezes e nunca; e também determinar o interesse dos inquiridos em utilizar os sítios de redes sociais. As reacções dos inquiridos às referidas variáveis serão determinadas para determinar se existe um impacto positivo ou negativo no desempenho académico dos inquiridos. Além disso, o estudo também tentou descobrir se existem diferenças em termos de natureza do curso e de género quando agrupados em conformidade.

Há cada vez mais estudos que sublinham que os indivíduos estão inseridos nas suas sociedades. Assim, a estrutura social relacionada, embora por vezes invisível, está frequentemente associada a resultados instrumentais, incluindo o poder, a inovação, os resultados da aprendizagem e o desempenho profissional. Haythornthwaite (1998), tal como referido por Yang e Tang (2003), examinou as interações dos alunos à distância na sala de aula e traçou o perfil dos papéis dos alunos e da troca de informações entre as redes sociais dos alunos à distância. Num curso universitário, Guldner e Stone-Winestock (1995) e Yang e Tang (2003) demonstraram empiricamente que a organização adequada dos grupos de acordo com a posição de cada aluno numa rede social pode aumentar a satisfação do aluno com a aprendizagem e o seu desempenho académico. Assim, este estudo baseia-se *na teoria da abordagem da rede social*, em que a teoria da rede social vê as relações sociais em termos de nós e laços. Os nós são os actores individuais dentro das redes, e os laços são as relações entre os actores. Pode haver muitos tipos de laços entre os nós. Na sua forma mais simples, uma rede social é um mapa de todos os laços relevantes entre os nós que estão a ser estudados. A rede também pode ser utilizada para determinar o capital social de cada ator. Estes conceitos são frequentemente apresentados num diagrama de rede social, em que os nós são os pontos e os laços são as linhas. O poder da teoria das redes sociais resulta da sua diferença em relação aos estudos sociológicos tradicionais, que partem do princípio de que o que importa são os atributos dos actores individuais - se são simpáticos ou antipáticos, inteligentes ou burros, etc. -- que importam. A teoria das redes sociais apresenta uma visão alternativa, em que os atributos dos indivíduos são menos importantes do que as suas relações e laços com outros actores da rede. Esta abordagem revelou-se útil para explicar muitos fenómenos do mundo real, mas deixa menos espaço para a agência individual, a capacidade de os indivíduos influenciarem o seu sucesso, uma vez que grande parte dele depende da estrutura da sua rede.

A ideia de "Rede Social" existe há várias décadas como uma forma de as pessoas comunicarem em sociedade e estabelecerem relações com outras pessoas (Coyle & Vaughn, 2008). Com o aumento da tecnologia utilizada para comunicar com os outros e a popularidade da Internet, as "redes sociais" tornaram-se uma atividade que se realiza principalmente na Internet, com sítios como o MySpace, Facebook, Bebo, Friendster e Xanga (Coyle & Vaughn, 2008). Os sítios de redes sociais (SNS) podem ser definidos como serviços baseados na web que permitem aos indivíduos (1) construir um perfil público ou semi-público dentro de um sistema limitado, (2) articular uma lista de outros utilizadores com os quais partilham uma ligação, e (3) ver e percorrer a sua lista de ligações e as feitas por outros dentro do sistema (Boyd & Ellison, 2007) . Outra definição de SNS é "uma comunidade em linha de utilizadores da Internet que pretendem comunicar com outros utilizadores sobre áreas de interesse mútuo". O termo "site de rede social" é normalmente utilizado para descrever este fenómeno e "sites de redes sociais" também aparece no discurso público, sendo ambos frequentemente utilizados indistintamente. O termo "rede" enfatiza o início de relações, muitas vezes entre estranhos, que é uma das principais actividades no decurso da utilização dos SRS (Helou & Ab.Rahim, 2011).

A teoria das redes sociais é uma das poucas, se não a única, teoria das ciências sociais que não é reducionista. A teoria aplica-se a uma variedade de níveis de análise, desde pequenos grupos a sistemas globais completos. É certo que existem propriedades emergentes a diferentes níveis do sistema, mas estas são extensões do que pode ser feito a um nível inferior e não formas de organização totalmente diferentes (Kadushin, 2004).

A abordagem da rede social defende que o comportamento de um indivíduo é afetado pelos tipos de relações, ou laços técnicos, e redes, mais do que pelas normas e atributos que um indivíduo possui. Os recursos sociais, informativos ou materiais que dois indivíduos trocam caracterizam os seus laços. Na análise de redes sociais, essas trocas de recursos são chamadas de "relações". Presume-se que algumas relações positivas e negativas estejam relacionadas com o desempenho de um indivíduo. Os investigadores demonstraram empiricamente que as relações de amizade e de aconselhamento estavam positivamente relacionadas com o desempenho académico de um estudante e com o desempenho profissional de um empregado. Por outro lado, os efeitos de uma rede adversarial estavam negativamente relacionados com o desempenho (Yang & Tang, 2003).

A centralidade é um dos conceitos mais importantes na análise de redes sociais. A noção mais comum é que se uma pessoa é central no seu grupo, é o indivíduo mais popular do grupo e recebe mais atenção. Nos primórdios da literatura sociométrica, a centralidade é designada por estatuto social e o conceito sociométrico de "estrela" refere-se à mesma ideia. Intuitivamente, um ponto é central se estiver no centro de muitas ligações; a forma mais simples e direta de medir a "centralidade do ponto" é através do grau de conetividade no grafo. Por conseguinte, é interessante estudar a relação entre a centralidade de um indivíduo nas redes sociais do campus (redes de amizade, de aconselhamento e adversárias) e o seu desempenho na sala de aula e no fórum (Yang &Tang, 2003).

Numa rede de amizade, a amizade entre duas pessoas só pode surgir se e quando os seus caminhos se cruzarem. Terão de se "encontrar" antes de poderem "acasalar". É mais provável que se encontrem se partilharem, por exemplo, o mesmo ambiente de vida, de escola ou de trabalho, ou se as suas redes sociais se sobrepuserem. Quando duas pessoas se conhecem, a decisão de manter ou não uma amizade depende de muitos outros factores. O contexto estrutural não só determina se os indivíduos se encontram, como também influencia outros factores importantes, como a visibilidade e a propinquidade. Uma maior visibilidade e exposição aumentam a probabilidade de se tornarem amigos. Por conseguinte, um estudante que esteja no centro de uma rede de amizades tem mais oportunidades de aceder a recursos que podem ser importantes para um bom desempenho académico. Talvez o mais importante seja o facto de a existência de uma relação social positiva ser, por si só, um recurso para o estudante lidar com as tensões académicas. As redes de amizade implicam frequentemente o acesso à informação e ao conhecimento, direta e indiretamente, e o efeito da rede de amizade no desempenho académico dos estudantes foi confirmado. Um estudante que esteja no centro de uma rede de amizade tem mais hipóteses de ajudar os outros e de ser ajudado; assim, é provável que tenha um melhor desempenho no contexto educativo tradicional. Da mesma forma, os alunos que ocupam uma posição central nas suas redes de amizade têm mais probabilidades de serem populares no fórum baseado na Web e a possibilidade de realizarem um excelente trabalho no fórum também é maior. Se um aluno fizer um bom trabalho no fórum, tem mais hipóteses de desenvolver amizades com outros alunos (Yang & Tang, 2003).

Foi indicado que as redes de amizade requerem frequentemente o acesso à informação e ao conhecimento, direta e indiretamente, e o efeito da rede de amizade no desempenho académico dos estudantes foi confirmado. O envolvimento de um estudante nestas formas de actividades, como fazer amigos nas redes sociais, deve ser visto como uma forma de ter acesso a informações actualizadas que são relevantes e podem ser canalizadas para melhorar o seu desempenho académico. Depende da capacidade e da vontade do indivíduo em causa poder aproveitar essa oportunidade para lidar com o stress académico. As redes de amizade requerem frequentemente o acesso à informação e ao conhecimento, direta e indiretamente, e o efeito da rede de amizade no desempenho académico dos estudantes foi confirmado. O aproveitamento adequado das oportunidades oferecidas por estas redes tende a ajudar muito os estudantes de forma positiva e pode também ser canalizado para ajudar os outros. Um estudante que registe uma elevada ingenuidade nas redes sociais tem tendência a fazer muitos amigos em linha e pode também transpor isso para a sua vida académica diária normal (Helou & Ab.Rahim, 2011).

A ideia subjacente à maior parte deste fenómeno, tal como acontece com muitos sítios Web, é ajudar as pessoas a sentirem-se socialmente ligadas e parte de uma comunidade, mesmo que estejam sentadas em casa sozinhas ao computador. Os participantes podem ligar-se a outras pessoas que conhecem através da escola, do trabalho ou de uma organização, ou podem conhecer completos estranhos de todo o mundo (Coyle & Vaughn, 2008). Para tal, procuram pessoas e adicionam-nas como "amigos" para poderem partilhar informações com elas e com outras redes de que essas pessoas possam fazer parte (Boyd & Ellison, 2007). Ser "amigo" no mundo dos SRS significa simplesmente que dois perfis foram ligados entre si (Tufekci, 2008). Isto, por sua vez, expande muito a rede de uma pessoa, para que ela possa conhecer e partilhar informações com ainda mais membros (Coyle & Vaughn, 2008).

Além disso, ser "amigo" de alguém num SRS permite que uma pessoa comunique de várias formas, tais como enviar mensagens privadas e públicas, participar em jogos em linha, comentar fotografias publicadas, partilhar preferências musicais ou cinematográficas, responder a entradas de um diário e muito mais (Livingstone, 2008). Na opinião de um autor, a criação e a ligação em rede de conteúdos em linha estão a tornar-se um meio integral de gerir a identidade, o estilo de vida e as relações sociais de uma pessoa. Um clique num botão pode significar a perda ou o ganho de uma amizade, e uma amizade num SRS pode ser com alguém que não é seu amigo na "vida real" (Livingstone, 2008) .

Ao conceituar o motivo pelo qual esses sites atraem tantas pessoas, é importante observar que cada SRS se concentra na apresentação de si mesmo e do status social (Tufekci, 2008). Cada pessoa que adere a um SRS deve escolher uma foto para postar em seu perfil pessoal, que é a foto que será usada como representação de si mesma. Algumas pessoas usam uma foto recente de seu rosto ou uma foto de um grupo de amigos, enquanto outras escolhem uma imagem diferente que deseja que represente a si mesmo ou seus valores. De qualquer forma, esta imagem é importante quando se olha para o SNS porque mostra como cada indivíduo gostaria de ser visto pelos outros (Barker, 2009).

As redes de aconselhamento, por outro lado, consistem em relações através das quais os indivíduos partilham recursos, tais como informação, assistência e orientação, relacionados com a realização do seu trabalho. A rede de aconselhamento é mais orientada para o instrumento do que a rede de amizade (que é mais orientada para o social). As redes de aconselhamento podem ser classificadas como laços instrumentais e não como laços primários. Quando uma tarefa tem de ser realizada, um indivíduo pode melhorar o seu trabalho obtendo ajuda das redes de aconselhamento disponíveis. Assim, a centralidade na rede de aconselhamento reflecte o envolvimento de um indivíduo na troca de recursos no processo de resolução de problemas. Um aluno que seja central na sua rede de aconselhamento é capaz de acumular informações, conhecimentos e experiências sobre problemas relacionados com a tarefa, pelo que é provável que tenha um melhor desempenho no contexto tradicional da sala de aula. Do mesmo modo, também é mais provável que tenha um bom desempenho no fórum baseado na Web, porque se espera que dê conselhos aos outros e, por vezes, que dê opiniões de maior qualidade (Yang & Tang, 2003).

Quanto às relações contraditórias, referem-se às relações que podem envolver trocas negativas. Este tipo de relações causa angústia emocional, raiva ou indiferença. Foi demonstrado empiricamente que são prejudiciais para o desempenho e a satisfação dos estudantes e, por conseguinte, estão negativamente relacionadas com o desempenho profissional. As relações contraditórias podem impedir a troca de informações e conhecimentos, pelo que é bastante razoável inferir que as relações contraditórias estão negativamente relacionadas com o desempenho dos estudantes. Da mesma forma, se um estudante tiver uma imagem adversarial no fórum, tem menos hipóteses de desenvolver boas relações na sala de aula, prejudicando assim a sua oportunidade de obter informações ou conhecimentos dos outros (Yang & Tang, 2003).

O estatuto social é também uma parte muito importante dos SNS, porque desempenha um papel na forma como cada indivíduo é visto no seu perfil pelos outros. A maioria dos SNSs mostra quantos "amigos" uma pessoa tem, bem como quantas pessoas escreveram para essa pessoa recentemente. Por causa disso, muitos membros de SRS procuram pessoas com quem se conectar, mesmo que não queiram estar pessoalmente ligados a pessoas específicas (Tufecki, 2008). Adolescentes e pessoas em idade universitária estão especialmente interessados em ter muitos amigos, porque muitos se preocupam com o que os outros vão pensar se eles não tiverem tantos amigos quanto seus pares (Barker, 2009).

Não só a adesão a um SRS ajuda a ganhar e a preservar a popularidade, como também a seleção das fotografias perfeitas para publicar são aspectos muito importantes da experiência (Siibak, 2009). De acordo com um estudo recente realizado sobre a gestão da impressão visual e os sítios de redes sociais, cerca de sessenta por cento dos adolescentes passam mais tempo a selecionar as fotografias a publicar no seu perfil do que a comunicar com os outros. Isto mostra que estes

SRS não servem apenas para manter o contacto com os colegas e conhecer novas pessoas, são utilizados para construir identidades adolescentes (Siibak, 2009).

Vários sítios de redes sociais tornaram-se populares em geral, mas sobretudo entre os estudantes universitários. Indiscutivelmente, o sítio de rede social mais popular da atualidade é o Facebook. Originalmente concebido na Universidade de Harvard para apoiar a comunidade universitária, o sítio está agora aberto ao público em geral (Boyd, 2009). Em 2005, oitenta e cinco por cento dos estudantes universitários estavam no Facebook (Arrington, 2005). Em 2009, tinha 70 milhões de utilizadores activos nos EUA, sendo o maior grupo o dos universitários (18-25 anos), com 20 357 000 utilizadores em 7/6/09 (Smith, 2009). A utilização de SRS explodiu nos últimos anos, uma vez que "quase 500 milhões de pessoas em todo o mundo vivem as suas vidas - ou versões delas - no Facebook" (Fletcher, 2010). Os blogues, como o LiveJournal, são sítios que funcionam como um diário em linha no qual os utilizadores podem fazer entradas periódicas. Os estudantes universitários tendem a ter mais blogues do que as gerações anteriores, sendo que 27,9% afirmam possuir blogues e 44,4% lêem-nos durante uma hora ou mais por semana (Junco & Mastrodicasa, 2007). O MySpace, lançado pela primeira vez em 2003, pretendia competir com o Friendster (Boyd, 2009) como sítio para encontrar velhos amigos, pessoas solteiras que queriam conhecer outras pessoas solteiras, famílias para manter o contacto e uma fonte de contacto para empresários e colegas de turma.

A abordagem das redes sociais nas Filipinas é fruto da cultura filipina, que significa que os amigos ajudam os amigos. Esta é talvez a razão pela qual as Filipinas foram declaradas a capital mundial das redes sociais, com oitenta e três por cento de membros de uma rede social. Os dez principais sítios de redes sociais nas Filipinas no ano de 2010 (http://en.wikipilipinas.org) são os seguintes: (1) Facebook, (2) YouTube, (3) Blogger, (4) Twitter, (5) Multiply, (6) Friendster, (7) Tumblr, (8) Plurk, (9) Flickr e (10) LinkedIn.

O Facebook é atualmente o sítio de rede social mais popular do país, com mais de 500 milhões de utilizadores activos em todo o mundo. Os filipinos estão viciados nas suas caraterísticas únicas, nos jogos interessantes e viciantes, na interface apelativa, nas mensagens privadas e na função de conversação. Ultrapassou as funcionalidades que a maioria das outras redes sociais oferece.

O YouTube, um sítio Web de partilha de vídeos, é normalmente utilizado pelos internautas para carregar, partilhar e ver vídeos. Ultimamente, tem sido utilizado para criar "vlogs" ou blogues de vídeo. Além disso, vários filipinos foram descobertos através do YouTube. A mais recente sensação da música filipina de Hollywood, Charice Pempengco, por exemplo, foi descoberta através do YouTube.

O Blogger é uma das plataformas de blogues mais populares nas Filipinas. Os filipinos podem utilizá-lo como diário online ou como local de partilha de opiniões e experiências sobre um determinado tópico. Também se tornou muito apreciado, especialmente por bloggers novatos, uma vez que se pode blogar gratuitamente e ganhar dinheiro com anúncios online, como o Google Adsense e o Nuffnang. Entretanto, os dados do Google Trends de dezembro de 2010 mostram que as Filipinas ocupam o 5º lugar em termos de pesquisas no Google em Blogger.com e Blogspot.com.

O Twitter é um sítio de microblogging onde as pessoas são encorajadas a escrever sobre coisas aleatórias. Cada "tweet" ou mensagem tem um máximo de 140 caracteres. Uma das principais atracções do Twitter é o facto de a maioria das celebridades e personalidades famosas manterem os seus seguidores actualizados sobre o que andam a fazer através dos seus tweets. O sítio também permite aos utilizadores partilhar fotografias através dos seus sítios afiliados. Em junho de 2010, as Filipinas ocupavam o sexto lugar na lista de países com o maior número de utilizadores do Twitter. Isto de acordo com um relatório publicado pela comScore.com em agosto.

A Multiply tornou-se popular como um destino de compras em linha. A maioria dos seus utilizadores filipinos são empresários e compradores online devido à sua facilidade de utilização na criação de lojas electrónicas e às suas caraterísticas de compras online que são facilmente incorporadas no site Multiply. Existem aproximadamente 13.000 vendedores online filipinos registados na Multiply em janeiro de 2010. O seu número crescente de vendedores e compradores tem ajudado tremendamente o desenvolvimento do comércio eletrónico e dos sistemas de pagamento móvel nas Filipinas.

O Friendster ocupava o primeiro lugar no top 10 dos sítios de redes sociais mais utilizados pelos filipinos antes de o Facebook entrar em cena. Apesar da inovação das suas caraterísticas e do seu design, ainda está a lutar para recuperar o seu lugar na lista dos melhores das Filipinas.

O Tumblr é uma plataforma de blogues onde os utilizadores podem facilmente partilhar textos, fotografias, citações, links, música e vídeos, a partir do browser, telefone, computador ou e-mail. Em dezembro de 2010, as Filipinas ocupavam o primeiro lugar com o maior número de visitantes do Tumblr entre todos os países.

O Plurk é um sítio de microblogging semelhante ao Twitter. De facto, foi apontado como o primeiro concorrente sério do Twitter na Ásia. As pessoas são atraídas pelo seu algoritmo de "karma", em que os utilizadores ganham e perdem pontos de karma em função da frequência dos seus "Plurks" e comentários. Os bloguistas filipinos utilizam o "Plurk" em seu benefício, promovendo os seus sítios Web. Em dezembro de 2010, os "Plurkies" filipinos colocaram o país no topo da lista dos países com maior número de visitas ao Plurk.

O Flickr é um sítio de rede social popular entre os fotógrafos filipinos. Tornou-se um local favorito para partilhar e ver fotografias e para trocar dicas e truques de fotografia entre fotógrafos - profissionais e não profissionais. Além disso, os bloguistas filipinos utilizam o Flickr para armazenar e alojar as imagens digitais que utilizam nos seus sítios. Em dezembro de 2010, o grupo Flickr Filipinas tinha 6 302 membros.

LinkedIn é um sítio de rede social popular para jovens profissionais e candidatos a emprego. No LinkedIn, é possível adicionar colegas, colocar referências de carácter, trocar conhecimentos e ideias e partilhar oportunidades relacionadas com o trabalho. A utilização do LinkedIn foi considerada uma das formas mais rápidas de contratar externalizadores filipinos.

Outro conceito utilizado neste estudo é a teoria da aprendizagem social defendida por Bandura (1977). De acordo com esta teoria, os modelos são uma fonte importante para a aprendizagem de novos comportamentos e para a obtenção de mudanças comportamentais em contextos institucionalizados, propondo que a aprendizagem observacional pode ocorrer em relação a três modelos:

- Modelo vivo - em que uma pessoa real está a demonstrar o comportamento desejado

• Instrução verbal - em que um indivíduo descreve o comportamento desejado em pormenor e instrui o participante sobre a forma de adotar o comportamento

• Simbólico - em que a modelação ocorre através dos meios de comunicação social, incluindo filmes, televisão, Internet, literatura e rádio. Este tipo de modelação envolve uma personagem real ou fictícia que demonstra o comportamento.

Um fator importante da teoria da aprendizagem social de Bandura é a ênfase no determinismo recíproco. Esta noção afirma que o comportamento de um indivíduo é influenciado pelo ambiente e pelas caraterísticas da pessoa. Por outras palavras, o comportamento de uma pessoa, o ambiente e as qualidades pessoais influenciam-se mutuamente. Bandura (1977) propôs que o processo de modelação envolve várias etapas:

1. Atenção - para que um indivíduo aprenda algo, tem de prestar atenção às caraterísticas do comportamento modelado.

2. Retenção - os seres humanos precisam de ser capazes de se lembrar de pormenores do comportamento para aprenderem e mais tarde reproduzirem o comportamento.

3. Reprodução - ao reproduzir um comportamento, um indivíduo deve organizar as suas respostas de acordo com o comportamento modelo. Esta capacidade pode melhorar com a prática.

4. Motivação - deve haver um incentivo ou motivação que leve o indivíduo a reproduzir o comportamento. Mesmo que todos os factores acima mencionados estejam presentes, a pessoa não se envolverá no comportamento sem motivação.

Bandura é conhecido pelas suas experiências de 1961-1963 que utilizaram um palhaço insuflável conhecido como boneco Bobo para testar comportamentos de modelação em crianças. As crianças foram divididas em três grupos - um dos quais foi exposto a um modelo adulto agressivo, um que foi exposto a um modelo adulto passivo e um grupo de controlo, que não foi exposto a um modelo adulto. Os adultos do grupo agressivo foram convidados a agredir verbal e fisicamente a boneca, enquanto os do grupo passivo foram convidados a brincar pacificamente. Quando as crianças tiveram a oportunidade de brincar, os resultados mostraram que as que foram expostas ao modelo agressivo tinham maior probabilidade de imitar o que tinham visto e de se comportar de forma agressiva com a boneca. Verificou-se que os rapazes eram quatro vezes mais propensos do que as raparigas a mostrar agressão física, mas os níveis de agressão verbal eram praticamente os mesmos. Os resultados dos estudos de Bandura apoiaram a influência da modelação na aprendizagem (http://en.wikipedia.org/ wiki/Social_learning_theory, 2012).

Em *Social Learning and Clinical Psychology* (1954), Rotter sugere que o efeito do comportamento tem um impacto na motivação das pessoas para se envolverem nesse comportamento específico. As pessoas querem evitar consequências negativas, ao mesmo tempo que desejam resultados ou efeitos positivos. Se alguém espera um resultado positivo de um comportamento, ou pensa que há uma grande probabilidade de um resultado positivo, então é mais provável que se envolva nesse comportamento. O comportamento é reforçado, com resultados positivos, levando a pessoa a repetir o comportamento. Esta teoria da aprendizagem social sugere que o comportamento é influenciado por estes factores ou estímulos ambientais, e não apenas por factores psicológicos.

A teoria da pressão dos pares é também incluída como um dos conceitos deste estudo. De acordo com Erik Erikson, tal como referido por Boujlaleb (2006), a adolescência é a idade em que as pessoas têm de estabelecer uma identidade para escapar à difusão e confusão de identidades. Nesta idade, os adolescentes dão muita importância aos seus amigos que têm um poder sobre eles. Este fenómeno é designado por "pressão dos pares". O Oxford English Dictionary define a pressão dos pares como a influência de membros do mesmo grupo. Podemos pensar em muitos tipos de pressão dos pares que podem ter um aspeto positivo ou negativo. Grupo de pares é um termo comummente utilizado pelos psicólogos para descrever pessoas de uma idade semelhante, frequentemente quando se fala de adolescentes. A pressão dos pares existe em diferentes idades e em diferentes locais. Por exemplo, os trabalhadores da mesma fábrica têm pressão dos pares, o que é positivo porque cada um deles tenta dar o seu melhor no trabalho. Existe pressão dos pares entre crianças pequenas; elas tentam fazer os mesmos gestos e ter os mesmos brinquedos e existe também pressão dos pares em grupos étnicos. Por último, existe a pressão dos pares entre os adolescentes, que é o tipo mais importante, uma vez que influencia a personalidade dos adolescentes e intervém no desenvolvimento da sua moralidade. No Facebook, um utilizador pode escrever uma nota ou um blogue, e tem a opção de comentar e/ou gostar de uma determinada publicação. Este mecanismo favorece a pressão dos pares em linha (Garcia, 2010). De facto, os pares são um dos grandes factores que influenciam o desenvolvimento psicológico do adolescente. Bronfenbrenner, um psicólogo russo que desenvolveu muitas teorias no domínio da psicologia do desenvolvimento, afirma que "o primeiro nível da ecologia ou do contexto do desenvolvimento humano é o microssistema ...[que é] a família, a escola, os grupos de pares, bem como a cultura específica em que a família se identifica." Isto significa que os adolescentes são sobretudo influenciados pelas suas famílias e pelo meio que os rodeia. Em descobertas anteriores, a família era a única responsável pelo comportamento dos adolescentes, no entanto, pesquisas recentes descobriram que os pares têm uma influência mais poderosa sobre os adolescentes, especialmente no que diz respeito ao desempenho académico (Oswald & Suss, 1988). Apesar de, no modelo de Bronfenbrenner, a família vir antes do mundo exterior, que é a escola e os pares, as investigações provam que o papel dos pares é mais significativo do que o papel dos pais. Este papel é importante porque, na idade da adolescência, os jovens interessam-se por saber quem são. Esforçam-se por descobrir a sua identidade, pois esta fase é conhecida como "identidade versus confusão de identidade" na Teoria do Desenvolvimento da Identidade de Erik Erickson. Isto significa que a pressão dos pares é importante e mesmo inevitável na adolescência. Os pares são cruciais para o desenvolvimento do adolescente porque o desenvolvimento precisa de estar em contexto, o que significa principalmente a família e os pares (Oswald & Suss, 1988). De facto, a pressão dos pares tem mais efeitos negativos do que positivos que influenciam a personalidade dos adolescentes (Boujlaleb, 2006).

O desempenho académico, tal como distinguido por Ahmed et al. (2011), é quando os estudantes eficientes são o resultado de uma educação valiosa e estes estudantes provaram ser uma fonte de inspiração para a sua instituição e para a sociedade como um todo. Tuckman (1975), que foi referido por Ahmed et al. (2011), definiu o desempenho como a expressão clara da consideração, noções, capacidades, pensamentos e compreensão de uma pessoa e projectou que as notas mostram obviamente o desempenho de um estudante. Por conseguinte, o seu desempenho escolar deve ser administrado de forma profissional, centrando-se em todos os factores construtivos e destrutivos. Shah et al. (2001) propuseram que o tipo de utilização da Internet pelos estudantes indica até que ponto são afectados. Além disso, Oskouei (2010) afirmou que os estudantes e os professores podem tirar partido da Internet se a utilizarem como uma ferramenta criativa.

O desempenho académico tem sido amplamente debatido em investigações anteriores no domínio da educação e da psicologia da educação. Duas abordagens principais oferecem visões diferentes da perceção do desempenho académico. Embora a aproximação a um objetivo específico seja o método mais comum para avaliar o desempenho académico, evitar resultados adversos também pode ser considerado uma alternativa. No entanto, a realização de objectivos pode ser centrada na tarefa ou nos resultados finais (Valle et al., 2009; Was, 2006).

Os sítios de redes sociais são serviços de redes sociais que se centram na construção de comunidades em linha de pessoas que partilham interesses e/ou actividades, ou que estão interessadas em explorar os interesses e actividades de outros. O desempenho académico refere-se à forma como os estudantes lidam com os seus estudos e como lidam ou realizam as diferentes tarefas que lhes são dadas pelos seus professores. Além disso, o desempenho académico é definido como "...a forma como os estudantes lidam com os seus estudos e como lidam ou realizam as diferentes tarefas que lhes são dadas pelos seus professores".

No que diz respeito ao desempenho ou à excelência académica, Tuckman (1975) afirmou que o desempenho é utilizado para designar a manifestação observável de conhecimentos, competências, conceitos, compreensão e ideias. Assim, o desempenho é a aplicação de um produto de aprendizagem que, no final do processo, proporciona o domínio. É a obtenção de determinadas notas nos exames que indica a capacidade dos candidatos, o domínio do conteúdo, as competências na aplicação dos conhecimentos adquiridos a situações particulares. O sucesso de um estudante, como afirma Wiseman (1961), é geralmente avaliado com base no desempenho nos exames. O sucesso nos exames é um indicador crucial de que um estudante beneficiou de um curso de estudo (Banquil et al., 2009).

Nas instituições de ensino, o sucesso é medido pelo desempenho académico, ou seja, pela forma como o aluno cumpre as normas estabelecidas pelo governo local e pela própria instituição. À medida que a concorrência profissional se torna cada vez mais feroz no mundo do trabalho, a importância de os alunos terem um bom desempenho escolar chamou a atenção dos pais, dos legisladores e dos departamentos governamentais de educação. Por conseguinte, a análise do impacto dos sítios de redes sociais no desempenho académico mostra que pode resultar na capacidade e/ou incapacidade de obter determinadas classificações em exames que indicam o domínio do conteúdo por parte dos indivíduos e a capacidade de aplicar os conhecimentos adquiridos a circunstâncias específicas.

Foram realizados estudos sobre o impacto dos sítios de redes sociais no desempenho académico ou nas notas dos estudantes. Por exemplo, o estudo realizado por estudantes-investigadores da Whittemore School of Business and Economics da Universidade de New Hampshire (UNH), em que a investigação mostra que não existe correlação entre o tempo que os estudantes passam a utilizar as redes sociais e as suas notas. As notas seguiram distribuições semelhantes para todas as faculdades, com a maioria dos estudantes a obter A's e B's. O estudo mostrou que há mais estudantes a utilizar o Facebook e o YouTube do que qualquer outra plataforma de redes sociais. Os blogues, o Twitter, o MySpace e o LinkedIn tinham um número significativamente inferior de utilizadores estudantes. Os estudantes da escola de gestão tinham a percentagem mais elevada de utilizadores de blogues, Twitter e LinkedIn, enquanto os estudantes de artes liberais tinham a percentagem mais elevada de utilizadores do MySpace (Capano et al., 2010).

Outro estudo, realizado por Stollak et al. (2011), concluiu que a média de notas (GPA) não desempenhava um papel na utilização de nenhuma das principais ferramentas de redes sociais e que os minutos passados em vários sítios não diferiam. A principal diferença reside no tempo passado no Facebook, que mostrou uma relação negativa entre o tempo passado na rede social e as notas. Embora a maioria dos alunos passasse 15 minutos ou menos a aceder a essa ferramenta específica, o Facebook era o único sítio de rede social em que a maioria dos alunos passava mais de 30 minutos a aceder. Os alunos e os professores devem preocupar-se com o seu impacto na aprendizagem.

Um estudo comparativo também foi realizado por Tham e Ahmed (2011) entre as horas relatadas gastas no uso de SRS e a média geral de notas dos entrevistados no semestre anterior (semestre da primavera de 2010). Dos 366 respondentes válidos a esse item, 127 (34,7%) indicaram que passaram menos de 1 hora usando SRS e obtiveram pelo menos 3,01 GPA em uma escala de 4,00. Por outro lado, 4,4% dos 366 inquiridos indicaram utilizar o SRS durante mais de 6 horas num dia normal e obtiveram uma média de 3,01 no mesmo semestre. No total, 66,4% dos inquiridos válidos obtiveram, pelo menos, uma classificação de 3,01 ou superior no semestre da primavera de 2010. Com base nos resultados, não se verificou uma relação significativa entre o tempo despendido na utilização de SRS e as classificações obtidas no semestre da primavera de 2010. Do mesmo modo, dos 390 inquiridos válidos que comunicaram as suas classificações no semestre do outono de 2010, 63,8% indicaram ter obtido pelo menos 3,01 classificações nesse semestre. Não houve uma relação estatisticamente significativa entre a utilização do SNS e a média obtida no semestre do outono de 2010.

Outro estudo, realizado por Ahmed et al. (2011), concluiu que há uma diferença significativa na utilização de SRSs entre estudantes do sexo masculino e feminino. Os estudantes do sexo masculino são mais inclinados a usar esses sites do que as estudantes do sexo feminino. Mas o estudo não encontrou nenhum efeito significativo da área de estudo, nível educacional, ano de estudo, sobre a extensão do uso de SRS. Verificou-se que os hábitos de estudo dos estudantes são significativamente afectados pelo tempo despendido em actividades de lazer, pelo tempo despendido na Internet, pelo tempo despendido na utilização de SRS e pela finalidade básica da utilização de SRS, ao passo que não se verificou qualquer efeito significativo das actividades de lazer e da finalidade da utilização da Internet nos hábitos de estudo dos estudantes utilizadores. De acordo com os resultados do estudo, verificou-se um efeito significativo do tempo despendido na utilização de SRS, do tempo despendido na Internet e da finalidade básica da utilização da Internet no desempenho académico dos estudantes.

Assim, a utilização da Internet e dos SRS afecta significativamente os hábitos de estudo dos estudantes e, eventualmente, o seu desempenho académico.

Declaração do problema

O estudo teve como objetivo analisar o impacto dos sítios de redes sociais (SRS) no desempenho académico dos estudantes universitários da Universidade Estatal de Benguet. Especificamente, o estudo procurou responder às seguintes questões:

1. Qual é o principal objetivo dos estudantes universitários ao utilizarem a Internet?

2. Qual é a frequência de utilização dos sítios de redes sociais pelos estudantes universitários?

3. Existem diferenças na frequência de utilização dos sítios de redes sociais pelos estudantes universitários quando avaliados de acordo com:

a. Natureza do curso

b. Género

4. Qual é o nível de interesse dos estudantes universitários na utilização de sítios de redes sociais?

5. Existem diferenças no nível de interesse na utilização de sítios de redes sociais por parte dos estudantes universitários quando avaliados de acordo com:

a. Natureza do curso

b. Género

6. Qual é o nível de impacto dos sítios de redes sociais no desempenho académico dos estudantes universitários?

7. Existe uma relação entre a frequência de utilização e o nível de impacto dos sítios de redes sociais no desempenho académico dos estudantes universitários?

Hipóteses do estudo

Apresentam-se de seguida as hipóteses do estudo.

1. Existe uma diferença significativa na frequência de utilização dos sítios de redes sociais pelos estudantes universitários quando avaliados de acordo com:

a. Natureza do curso

b. Género

2. Existe uma diferença significativa no nível de interesse dos estudantes universitários em utilizar os sítios de redes sociais quando avaliados de acordo com:

a. Natureza do curso

b. Género

3. Existe uma relação significativa entre a frequência de utilização e o nível de impacto dos sítios de redes sociais no desempenho académico dos estudantes universitários.

CAPÍTULO 2. METODOLOGIA

Este capítulo do processo de investigação contém uma descrição exaustiva da conceção e dos procedimentos da investigação, da população e do local do estudo, dos procedimentos de recolha de dados e dos instrumentos e tratamentos estatísticos.

Conceção da investigação

Na realização do estudo, foram utilizados o método de inquérito descritivo e o método de investigação qualitativa. O método descritivo consiste na recolha, organização, classificação e apresentação de dados, envolvendo técnicas para descrever ou caraterizar um conjunto de dados recolhidos, ao passo que o método qualitativo visa obter uma compreensão aprofundada do comportamento humano e das razões que regem esse comportamento. O método qualitativo investiga o porquê e o como da tomada de decisões, e não apenas o quê, onde e quando. Foram utilizados ambos os métodos, tendo sido formulado um questionário de inquérito para determinar a quantidade e analisando os dados para determinar a qualidade do estudo, a fim de descobrir o impacto dos sítios de redes sociais no desempenho académico dos estudantes universitários durante o primeiro semestre do ano letivo de 2012-2013.

População e local do estudo

O estudo foi realizado na Universidade Estatal de Benguet, onde o investigador calculou trinta por cento da população para cada nível de ano, especificamente os 2nd anos, 3rd anos e 4th anos dos cursos técnicos e não técnicos. O número de estudantes que responderam aos instrumentos de inquérito do estudo é apresentado no Quadro 1.

Relativamente aos cursos técnicos, o estudo centrou-se nos diferentes cursos, como o Bacharelato em Ciências Agrícolas (BSA), o Bacharelato em Ciências Empresariais Agrícolas (BSAB) e o Bacharelato em Ciências Florestais (BSF). Relativamente aos cursos não técnicos, o estudo centrou-se nos diferentes cursos oferecidos na Faculdade de Formação de Professores, nomeadamente: Licenciatura em Ensino Básico (BEE), Licenciatura em Ensino Secundário (BSE) e Licenciatura em Biblioteconomia e Ciência da Informação (BLIS). Além disso, o investigador centrou-se nos alunos do segundo, terceiro e quarto anos da faculdade, uma vez que já concluíram as suas notas académicas no primeiro e segundo semestre do ano letivo de 2011-2012. Há 340 mulheres e 96 homens para os cursos não técnicos, enquanto há 217 mulheres e 129 homens para os cursos técnicos.

A Universidade Estatal de Benguet está situada em La Trinidad, a capital da província de Benguet. Fica a seis (6) quilómetros de distância da cidade de Baguio. Benguet

Tabela 1. Número de respondentes

DEGRAU	POPULAÇÃO TOTAL	TOTAL DE INQUIRIDOS (30 %)
CURSOS NÃO TÉCNICOS		
BSE		
2nd Ano	230	69
3rd Ano	172	52
4th Ano	197	59
BEE		
2nd Ano	302	91

3rd Ano	185	56
4th Ano	249	75
BLIS		
2nd Ano	28	8
3rd Ano	34	10
4th Ano	53	16
CURSOS TÉCNICOS		
BSA		
2nd Ano	332	100
3rd Ano	202	61
4th Ano	246	74
BSAB		
2nd Ano	108	33
3rd Ano	78	24
4th Ano	61	18
BSF		
2nd Ano	38	11
3rd Ano	46	14
4th Ano	37	11
TOTAL	2598	782

A Universidade Estatal é uma instituição pública de ensino superior que atingiu o Nível IV do SUC, a categoria mais elevada na classificação de nivelamento do SUC das Universidades e Faculdades Estaduais.

Instrumentos de recolha de dados

Foi utilizado um questionário de inquérito preparado com uma escala de Likert de quatro pontos. O questionário de inquérito refere-se ao método de recolha de dados com papel e lápis, permitindo que o inquirido preencha o questionário antes do investigador (Adanza, 1995).

O questionário foi construído pelo investigador com base em princípios estabelecidos encontrados em fontes de educação e de tecnologia da informação. Além disso, o questionário baseou-se nas leituras da investigadora e na consulta de pessoas com conhecimentos adequados sobre o assunto, especialmente a sua conselheira. Os itens específicos indicados no questionário foram retirados de Banquil, et al. (2009) e Helou e Ab.Rahim (2011).

O questionário do inquérito é composto por duas partes. A parte 1 foi concebida para determinar o perfil demográfico dos inquiridos e outras informações necessárias; a parte 2 determina a frequência de utilização, o interesse e o impacto dos sítios de redes sociais pelos inquiridos.

Procedimento de recolha de dados

O inquérito por questionário é o principal instrumento utilizado na recolha dos dados para o estudo, complementado por entrevistas informais com os inquiridos e observações do investigador.

Após a aprovação dos reitores das faculdades, foram entregues cópias do questionário estruturado aos respectivos cursos. O investigador aplicou pessoalmente os questionários aos inquiridos e recolheu as respostas. As respostas foram registadas e analisadas através de medidas descritivas e de estatísticas inferenciais.

Tratamento dos dados

Os dados recolhidos foram sujeitos a cálculos como contagens de frequências, percentagens e médias ponderadas. A média ponderada foi utilizada para determinar as classificações médias sobre a frequência de utilização dos sítios de redes sociais pelos inquiridos. A fórmula é apresentada por Freund e Simon (1992):

$$\bar{x} = \frac{\Sigma f_i x_i}{n}$$

onde:

$\bar{x}$ = média ponderada

f_i = número de inquiridos com a resposta/classificação X_i

x_i = resposta/classificação do inquirido i th

n = número de inquiridos

Para determinar se existe uma diferença significativa na perceção dos inquiridos quando estes são agrupados de acordo com a natureza do curso e o género, foi utilizado o teste t.

Para quantificar as respostas sobre a frequência de utilização dos sítios de redes sociais pelos inquiridos, foi utilizada a seguinte escala:

Classificação numérica	Classificação descritiva e definição	Intervalos médios ponderados (Limite estatístico)
4	Sempre (A) (É utilizado quase todos os dias)	3.50-4.00
3	Frequentemente (0) (É utilizado semanalmente)	2.50-3.49
2	Raramente (S) (É utilizado de vez em quando)	1.50-2.49
1	Nunca(N) (Não está a ser utilizado de todo)	1.00-1.49

Para quantificar as respostas sobre o nível de interesse na utilização de sítios de redes sociais por parte dos estudantes universitários, foi utilizada a seguinte escala:

Classificação numérica	Classificação descritiva e definição	Intervalos médios ponderados (Limite estatístico)
4	Muito interessado (VI) (Extremamente motivador para a utilização)	3.50 - 4.00
3	Moderadamente interessado (MI) (Não é extremamente motivador para utilizar)	2.50-3.49
2	Menos interessado (LI) (Não é certamente motivador para a utilização)	1.50-2.49
1	Não Interessado (NI) (Não é de todo motivador para utilizar)	1.00-1.49

Para determinar o impacto dos sítios de redes sociais no desempenho académico dos estudantes universitários, foi utilizada a seguinte escala:

Classificação numérica	Classificação descritiva e definição	Intervalos médios ponderados (Limite estatístico)
4	Alto impacto (HI) (Afecta extremamente o desempenho académico)	3.50-4.00
3	Impacto moderado (MI) (Não afecta extremamente o desempenho académico)	2.50 - 3.49
2	Menor impacto (LI) (Não afecta certamente o desempenho académico)	1.50-2.49
1	Sem Impacto (NI) (Não afecta de todo o desempenho académico)	1.00 - 1.49

Todas as hipóteses estatísticas foram verificadas com um nível de significância de 0,05, utilizando o software Microsoft Excel e SPSS para efeitos de precisão e exatidão.

O coeficiente de correlação do momento do produto de Pearson foi calculado para determinar a relação entre a frequência de utilização dos sítios de redes sociais e o desempenho académico dos inquiridos.

A seguinte escala (Nava, 2008) foi utilizada para determinar a força ou o grau da relação com base nos seguintes intervalos do coeficiente de correlação.

Intervalos de r	Grau/força da relação
± 1.00	Relação perfeita
± 0,70 *a* ± 0,99	Forte
± 0,40 *a* ± 0,69	Moderado
± 0,10 *a* ± 0,39	Fraco
± 0,01 a ±0,9	Sem correlação/negligenciável

CAPÍTULO 3. RESULTADOS E DISCUSSÃO

Este capítulo apresenta a análise e a interpretação dos resultados deste estudo relativamente ao impacto dos sítios de redes sociais no desempenho académico dos estudantes universitários.

Principal objetivo dos estudantes universitários na utilização da Internet

As respostas dos estudantes universitários quanto ao seu principal objetivo na utilização da Internet dividiram-se em duas opções: (1) navegar na Internet para fazer trabalhos escolares e (2) navegar na Internet para se divertirem. A Internet serve dois objectivos para os estudantes: utilizar a Internet para se manterem em contacto com os professores e para trabalharem em projectos de grupo; e, em segundo lugar, para estarem em sintonia com os familiares e amigos (Thomas, 2007).

Surfing é outro termo que designa a utilização da Internet para encontrar informações ou localizar algo com a utilização de um computador ligado à Internet. É surfar apenas num sentido figurado, na medida em que alude à deslocação fácil e suave de um lugar para outro. (http://www.phrases.org.uk/ meanings/surfing.html)

O quadro 2 mostra as principais razões pelas quais os estudantes universitários utilizam a Internet. O primeiro objetivo principal, independentemente da natureza do curso, é navegar na Internet para fazer trabalhos escolares. Os trabalhos escolares incluem a partilha de ficheiros

Tabela 2. Principais objectivos dos estudantes universitários na utilização da Internet

RAZÃO	NATUREZA DO CURSO		Total	%
	Não técnico	Técnica		
Navegar na Internet para trabalhos escolares	302	242	544	69.57%
Navegar na Internet para se divertir	134	104	238	30.43%
TOTAL	436	346	782	100%

e descarregar ficheiros para uso académico, comunicar com o professor ou o orientador, comunicar com os amigos para fins académicos, criar grupos de discussão académicos, fazer trabalhos e apresentar os trabalhos aos professores ou ao orientador. Esta é considerada a sua principal finalidade, com uma percentagem maior de 69,57%, porque é efetivamente a prática atual dos estudantes. De acordo com os alunos do BLIS, eles utilizam a Internet para fazer trabalhos, trabalhos de casa e pesquisas onde podem obter informações mais rápidas, para além de utilizarem a biblioteca. A Internet tem muitas vantagens a considerar, uma das quais é a sua acessibilidade em qualquer altura e em qualquer lugar. Outra vantagem é a vasta informação que se encontra na Internet, tal como refere Pandit (2010). A comunicação e a informação são as duas utilizações mais importantes da Internet. Em segundo lugar, a informação pode ser actualizada ou modificada a qualquer momento e por qualquer número de vezes, o que ajuda a aprender e a compreender melhor. Em terceiro lugar, a Internet pode ser muito útil para a realização de projectos nas escolas e universidades, porque a Internet é um oceano de informação que abrange quase todos os temas conhecidos pelo homem. É definitivamente mais rápido consultar a informação na Internet do que ler um livro inteiro sobre o assunto. Os trabalhos de casa também se tornam mais fáceis com a ajuda da Internet, que é também uma das importantes utilizações dos computadores na educação.

Outro motivo pelo qual os alunos classificam o jogo como o primeiro é o facto de darem prioridade aos estudos em detrimento do lazer. De acordo com os alunos do BLIS, tentam terminar primeiro o trabalho escolar, como tarefas, trabalhos de casa e pesquisas, antes de fazerem outras coisas como jogar, conversar, enviar e-mails, etc. Este facto é também atribuído aos estudantes inscritos em disciplinas de informática ou de tecnologias da informação, em que parte dos requisitos da disciplina é a utilização da Internet. Tal como foi referido por Pakhare (2011), os estudantes estão entre os principais utilizadores que navegam na Internet para pesquisa. Hoje em dia, os professores incentivam os alunos a reunir recursos para apoiar as investigações e cumprir outros requisitos académicos. Este facto é corroborado pelas conclusões de Hong et al. (2003), no seu estudo em que os estudantes possuíam, de um modo geral, competências básicas na utilização da Internet e consideravam que o ambiente de aprendizagem na universidade os incentivava a utilizar a Internet como ferramenta de aprendizagem. As competências básicas dos estudantes na Internet e as suas percepções do ambiente de aprendizagem estavam relacionadas com a sua utilização da Internet para complementar as suas necessidades de aprendizagem. Os estudantes com melhores competências básicas em matéria de Internet e com uma perceção do ambiente de aprendizagem favorável à utilização da Internet para as suas tarefas de aprendizagem tinham, em geral, melhores atitudes em relação à utilização da Internet para melhorar os seus estudos. A utilização da Internet para efeitos de ensino e aprendizagem tem merecido uma atenção crescente nos últimos anos. Mitra e Steffensmeier (2000) concluíram também que uma instituição de ensino em rede, onde os estudantes têm acesso fácil a computadores, pode promover atitudes positivas relativamente à utilização de computadores no ensino e na aprendizagem. Verificaram que um ambiente de aprendizagem enriquecido com computadores estava positivamente correlacionado com as atitudes dos estudantes em relação aos computadores em geral e ao papel dos computadores na facilitação do ensino e da aprendizagem. Além disso, Liu et al. (1998) consideraram a integração de computadores num sistema de aprendizagem como um sistema de ensino complexo, no qual a aprendizagem dos alunos é afetada por professores, alunos, pessoal administrativo e técnico, recursos de hardware e software informáticos, bem como pelo laboratório de informática e pelas salas de aula. Os autores referiram que os alunos com atitudes positivas em relação à utilização de computadores também têm atitudes positivas em relação à utilização de computadores para a sua aprendizagem. Além disso, este facto corrobora as conclusões de Saeed et al. (2009), que sugerem que os alunos de hoje são flexíveis na extensão dos seus estilos de aprendizagem e são capazes de se adaptar a diferentes estratégias de ensino, incluindo a utilização de tecnologias Web emergentes. Sugerem ainda que os estilos de aprendizagem dos alunos de hoje são suficientemente flexíveis para experimentar diferentes tecnologias e que as suas preferências tecnológicas não se limitam a uma ferramenta específica. As suas experiências com tecnologias incorporadas e a obtenção de desempenhos académicos equilibrados em todos os tipos de alunos motivam-nos a alargar o estudo a outros cursos combinados com tecnologias variadas.

O segundo objetivo principal dos estudantes universitários ao utilizarem a Internet é o entretenimento, com 30,43%. O entretenimento consiste em receber e enviar mensagens, fazer novos amigos, encontrar velhos amigos, conversar com amigos, procurar pessoas com interesses comuns ou aderir a grupos de interesses como a moda e as compras, jogar jogos, ver o álbum de fotografias dos amigos, manter-se em contacto com amigos que raramente se vêem pessoalmente e com amigos que se vêem muito, publicar mensagens, avisos e anúncios, carregar e descarregar imagens, alterar ou editar dados do perfil como o estado, a escola, o trabalho e outros, e namoriscar com pessoas. O entretenimento é outra razão de ser popular que leva muitas pessoas a preferir navegar na Internet. De facto, a Internet tornou-se muito bem sucedida na indústria do entretenimento multifacetado. Os inquiridos consideram que esta é a segunda razão pela qual utilizam a Internet para se divertirem e passarem o tempo. Pakhare (2011) tem a mesma opinião sobre esta afirmação, afirmando que o principal objetivo da Internet sempre foi a comunicação rápida e que esta foi muito além das expectativas. As inovações mais recentes só a vão tornar mais rápida e mais fiável. Agora, é possível comunicar numa fração de segundo com uma pessoa que se encontra na outra parte do mundo. Para uma comunicação mais pessoal e interactiva, pode recorrer a serviços de conversação, videoconferência, etc. Além disso, existem muitos serviços de mensagens disponíveis. Com a ajuda destes serviços, tornou-se muito fácil estabelecer uma espécie de amizade global, onde pode partilhar os seus pensamentos e explorar outras culturas. Descarregar jogos ou simplesmente navegar nos sítios Web de celebridades são algumas das utilizações que as pessoas descobriram. Além disso, existem inúmeros jogos que podem ser descarregados gratuitamente. A indústria dos jogos em linha tem conhecido uma atenção dramática e fenomenal por parte dos amantes dos jogos.

Estes resultados contrariam as conclusões do estudo de Banquil et al. (2009), onde se verificou que existe uma maior percentagem de inquiridos que utilizam o computador ou a Internet para entretenimento do que para trabalho escolar. Estes também negam a pesquisa feita por Nyland et al. (2007), como escrito no estudo de Valenzuela et al. (2008), que uma proporção substancial dos inquiridos estava a usar estas redes sociais para entretenimento. Além disso, o estudo realizado por estudantes investigadores da Whittemore School of Business and Economics da Universidade de New Hampshire (2011) nega estes resultados, onde descobriram que a maioria dos estudantes (oitenta e nove por cento) utiliza as redes sociais por motivos sociais e de entretenimento e cerca de um quarto (trinta e seis por cento) dos estudantes utiliza as redes sociais por motivos educativos.

Frequência de utilização dos sítios de redes sociais pelos estudantes universitários

A Tabela 3 mostra os sítios de redes sociais mais utilizados e o número de vezes que os estudantes os utilizam. Como se pode ver na tabela, em geral, os estudantes não utilizam os outros sítios de redes sociais, o que é confirmado por uma média total de 1,47, descrita como "nunca". Apenas o Facebook e o YouTube são utilizados na maior parte do tempo, com uma média de 2,57 e 2,59, respetivamente. Isto deve-se ao facto de os sítios de redes sociais mais populares entre os estudantes serem o Facebook e o YouTube, em comparação com os outros sítios de redes sociais enumerados. Esta constatação está de acordo com o estudo realizado por estudantes investigadores da Whittemore School of Business and Economics da Universidade de New Hampshire (2011), no qual o estudo mostrou que mais estudantes utilizam o Facebook e o YouTube do que qualquer outra plataforma de redes sociais. Este facto também corrobora o relatório da Wikipilipinas no seu artigo intitulado "Os 10 principais sítios de redes sociais nas Filipinas", em que o Facebook é o primeiro e o YouTube o segundo (http://en.wikipilipinas.org/index.php?

Tabela 3. Frequência de utilização dos sítios de redes sociais pelos estudantes universitários

SÍTIOS DE REDES SOCIAIS	MEIO	DE
Facebook	2.57	0
YouTube	2.59	0
Blogger	1.28	N
Twitter	1.23	N
Multiplicar	1.24	N
Friendster	1.29	N
Tumblr	1.14	N
Plurk	1.11	N
Flickr	1.13	N
LinkedIn	1.12	N
Total Média	1.47	N

Legenda:

Limites estatísticos	Categoria	Equivalente descritivo (DE)
3.50-4.00	4	Sempre (A)
2.50-3.49	3	Frequentemente (O)
1.50-2.49	2	Raramente (S)
1.00-1.49	1	Nunca (N)

title=Top10_Social_Networking_Sites_in_the_Philippines_%282010%29).

Esta constatação pode também ser atribuída à interconectividade de ambos os sítios de redes sociais, onde Marentis (2012) escreveu no seu artigo que é fácil partilhar vídeos do YouTube em vários sítios de redes sociais populares, como o Facebook, o que cria muito mais ligações que conduzem as pessoas aos seus vídeos. O Facebook tem uma aplicação que permite aos seguidores de uma empresa ver vídeos do YouTube diretamente a partir da página do Facebook. Este facto é confirmado por Brodersen et al. (2012), que refere outro número absurdo: 48 horas de vídeo (YouTube) são carregadas no Facebook a cada minuto, o que representa um aumento de cem por cento em relação ao ano anterior.

O Facebook fornece uma página Web formatada na qual cada utilizador pode introduzir informações pessoais, incluindo sexo, data de nascimento, cidade natal, opiniões políticas e religiosas, endereços de correio eletrónico e físicos, estado de relacionamento, actividades, interesses, música e filmes favoritos, formação académica e uma fotografia pessoal principal. Depois de completarem o seu perfil, os utilizadores são convidados a identificar outras pessoas com quem têm uma relação, quer procurando utilizadores registados no Facebook, quer pedindo aos seus contactos que adiram ao Facebook (normalmente por correio eletrónico). Quando alguém é aceite como "amigo", não só o perfil pessoal dos dois utilizadores, mas também todas as suas redes sociais são divulgadas um ao outro. Isto permite a cada utilizador percorrer as redes clicando nos perfis dos "amigos", de modo a que a sua rede social se torne rapidamente uma bola de neve entre pessoas e instituições. Esta capacidade constitui a espinha dorsal do Facebook e de outros SRS e é o que atrai milhões de utilizadores em todo o mundo (Valenzuela et al., 2008).

O Facebook é popular ou famoso devido às suas caraterísticas de fácil utilização e à sua aceitabilidade pelo público, onde todos os tipos de gerações aderem ao Facebook. Este facto está de acordo com a afirmação de Banks (2011) de que, entre todas as redes sociais, o Facebook é a única que não conhece limites geracionais. Desde os avós até aos adolescentes, o Facebook - a maior das redes sociais - atrai utilizadores de todas as idades. Também um estudo recente da Forrester (2011), tal como referido por Banks (2011), concluiu que, dos adultos norte-americanos que utilizam sites de redes sociais, noventa e seis por cento estão no Facebook. Além disso, o estudo de Rouis et al. (2011) afirma que o Facebook registou uma grande expansão nos últimos anos, o que levou a uma utilização extensiva por pessoas de todas as gerações. Vários estudos examinaram o carácter atrativo e persuasivo desta plataforma em linha e de sítios de rede semelhantes, bem como as razões que levam pessoas de todos os estratos sociais e faixas etárias a aderir a esta comunidade ou a outras comunidades semelhantes. Além disso, a maioria dos alunos, se não todos, está familiarizada com o Facebook porque tem a sua própria conta pessoal. Um relatório de Russell (2011) afirma que as Filipinas estão no topo da lista, com 93,9% da nação registada no Facebook: Filipinas 93,9%, Israel 91%, Turquia 90,9%, Chile 90,2%, Argentina 89,2%, Malásia 88,4%, Indonésia 87,5%, Peru 87,2%, Colômbia 86,9% e Venezuela 86,2%. Além disso, afirmou que a penetração das redes sociais é incrivelmente elevada nas Filipinas, atingindo 95%. O Facebook é o sítio Web mais popular do país, mais do que o Google, e tem uma taxa de penetração de 93,9%. A popularidade da partilha de fotografias aumentou 46% no país num ano, em grande parte devido ao Facebook. Também no artigo, Top 10 Social Networking Sites in the Philippines 2010, em novembro, as Filipinas ficaram em 6º lugar na lista de países com o maior número de utilizadores do Facebook. Atualmente, é o site de rede social mais popular do país, com mais de 500 milhões de utilizadores activos em todo o mundo. Os filipinos estão viciados nas suas caraterísticas únicas, nos jogos interessantes e viciantes, na interface apelativa, nas mensagens privadas e na função de conversação. Ultrapassou as funcionalidades que a maioria das outras redes sociais oferece (http://en.wikipilipinas.org/index.php?title=Top_10_ Social_Networking_ Sites_in_the_Philippines_%282010%29).

Além disso, o Facebook tem mais de 500 milhões de membros e continua a crescer. Segundo Schneider (2009), tal como afirmam Stollak et al. (2011), cerca de oitenta e cinco por cento dos estudantes universitários são utilizadores do Facebook. Prevê-se que estes números só aumentem, uma vez que o número de membros continua a crescer. E isto não se aplica apenas ao Facebook. Os números relativos ao YouTube também são muito semelhantes. Segundo Ishak (2012), uma das razões pelas quais o Facebook é tão viciante é o facto de ser uma forma conveniente de acompanhar o estado dos amigos.

Por outro lado, o YouTube é também um dos sítios de redes sociais mais apreciados pelos estudantes. O YouTube pode ser popular devido à sua interatividade, à facilidade de utilização e à informação ou aprendizagem que se pode obter. Outro motivo pelo qual os estudantes visitam frequentemente este sítio de rede social é o entretenimento. Isto está de acordo com Kaput (2012), que afirma que se pode ter descoberto um novo meme da Internet ou imagens de ponta de acontecimentos recentes no popular sítio de vídeos YouTube. Pode até ter-se utilizado o sítio para carregar os seus próprios vídeos. Mas o YouTube não serve apenas para entretenimento. A riqueza de vídeos sobre eventos actuais, acontecimentos históricos e outros tópicos diversos pode ser um recurso valioso para os educadores que procuram injetar a aprendizagem digital nas suas salas de aula. O YouTube também é muito acedido pelos estudantes porque, como se afirma no artigo intitulado Top 10 Social Networking Sites in the Philippines of 2010, o YouTube é um sítio Web de partilha de vídeos e é normalmente utilizado pelos internautas para carregar, partilhar e ver vídeos. Ultimamente, tem sido utilizado para criar "vlogs" ou blogues de vídeo. Além disso, vários filipinos foram descobertos através do YouTube. A mais recente sensação da música filipina de Hollywood, Charice Pempengco, por exemplo, foi descoberta através do YouTube. A nível local, há a dupla de irmãos cómicos Moymoy Palaboy que, em 2010, apoiou produtos como a lixívia Winrox e a Coca-Cola e participou no programa de humor da GMA Network, Bubble Gang. Além disso, o YouTube é aceite pela maioria dos estudantes porque podem utilizá-lo como referência para a realização dos seus trabalhos, trabalhos de casa, pesquisas e também relatórios, onde podem descarregar vídeos que podem ser utilizados nos seus relatórios na aula. Este facto é mais uma vez apoiado por Kaput (2012), que refere no seu artigo que as escolas estão a utilizar cada vez mais ferramentas online para ajudar os alunos na sala de aula. Muitas dessas ferramentas são utilizadas para melhorar a forma como os requisitos dos trabalhos são apresentados e como os trabalhos são entregues. O YouTube não é exceção. O YouTube pode ser um excelente recurso para as aulas que exigem a criação de vídeos para projectos, apresentações ou trabalhos de design gráfico.

Diferença na frequência de utilização dos sítios de redes sociais pelos estudantes universitários

Esta secção apresenta a análise das respostas dos inquiridos para determinar qualquer diferença nas suas percepções em função da natureza do curso e do género.

Comparação da Frequência de Utilização dos Sites de Redes Sociais de acordo com a Natureza do Curso considerando os Grupos de Inquiridos

A Tabela 4 apresenta a comparação das diferenças na frequência de uso dos sites de redes sociais de acordo com a natureza do curso considerando os grupos de respondentes. Como a tabela revela, a média geral ponderada obtida para o curso não técnico é de 1,49 e para o curso técnico é de 1,44, ambas interpretadas como "nunca". Isto significa que os estudantes consideram que os sítios de redes sociais não são utilizados de todo ou não são utilizados na maior parte do tempo.

Tabela 4. Comparação da frequência de utilização dos sítios de redes sociais de acordo com a natureza do curso

SÍTIOS DE REDES SOCIAIS	NÃO TÉCNICOS MEIO	NÃO TÉCNICOS DE	TÉCNICA MEIO	TÉCNICA DE	valor t
Facebook	2.66	0	2.46	0	3.308*
YouTube	2.71	0	2.44	0	4.435*
Blogger	1.29	N	1.27	N	,355no
Twitter	1.22	N	1.23	N	,283^{ns}
Multiplicar	1.23	N	1.25	N	,475^{ns}
Friendster	1.27	N	1.31	N	,833^{ns}
Tumblr	1.15	N	1.13	N	,584^{ns}
Plurk	1.11	N	1.10	N	,610^{ns}
Flickr	1.14	N	1.12	N	,670^{ns}
LinkedIn	1.13	N	1.11	N	,657^{ns}
Total Média	1.49	N	1.44	N	

p>.05- não significativo (ns)

p ≤ .05 - significativo (*)

Legenda:

Limites estatísticos	Categoria	Equivalente descritivo (DE)
3.50-4.00	4	Sempre (A)
2.50-3.49	3	Frequentemente (O)
1.50-2.49	2	Raramente (S)
1.00-1.49	1	Nunca (N)

Existe efetivamente uma diferença significativa quando comparamos o grupo não técnico com o grupo técnico. O grupo não técnico atribuiu uma classificação mais elevada ao Facebook e ao YouTube do que o grupo técnico. Isto significa que o grupo não técnico, que inclui os futuros professores e os futuros bibliotecários, está mais interessado nestes sítios de redes sociais, porque lida principalmente com pessoas, o que torna a interação social sempre necessária.

Uma vez que um dos principais objectivos dos sítios de redes sociais é criar e estabelecer um grupo comunitário social, os estudantes não técnicos utilizam-nos para esse fim. Os estudantes não técnicos também elaboram os seus próprios relatórios ou conferências, necessitando de uma representação vídeo para reforçar as suas apresentações na aula. Isto significa que, como futuros professores e bibliotecários, precisam de informações diferentes para utilizar os sítios de redes sociais, especialmente o YouTube, que é a tendência atual para a maioria das palestras ou apresentações em sala de aula para captar o interesse dos alunos e estudantes. O grupo técnico, que inclui os futuros agricultores, empresários agrícolas e silvicultores, lida mais com questões não humanas, como as plantas. Não preparam aulas, mas desenvolvem actividades relacionadas com a agricultura.

De facto, de acordo com a tabela, apenas o Facebook e o YouTube são os únicos sítios de redes sociais que são utilizados com frequência em comparação com os outros sítios de redes sociais. Como já foi referido, estes dois sítios de redes sociais são sobretudo utilizados devido à sua popularidade e às suas caraterísticas de fácil utilização. Isto também se aplica ao estudo de Ahmed, et. al. (2011), realizado com 1200 estudantes, que mostra que 96% utilizam SRS, sendo o Facebook o sítio Web mais visitado.

Consequentemente, existe uma diferença significativa entre os sítios de redes sociais, nomeadamente o Facebook e o YouTube, quando agrupados de acordo com a natureza do curso, em que a probabilidade associada ao valor t obtido é menor. Por conseguinte, aceita-se a hipótese de que existe uma diferença significativa na frequência de utilização dos sítios de redes sociais, nomeadamente o Facebook e o YouTube, quando agrupados de acordo com a natureza do curso.

Ambos os grupos de estudantes consideraram que a utilização de sítios de redes sociais nunca foi feita com o blogger, o twitter, o multiply, o friendster, o tumblr, o Plurk e o flickr. Isto significa que os estudantes não utilizam este tipo de sítios de redes sociais. Isto deve-se ao facto de os referidos sítios de redes sociais não serem muito populares. Não são populares no sentido em que não estão a ser utilizados a toda a hora pelos estudantes. Outra explicação é o facto de não estarem familiarizados com os sítios de redes sociais ou de ser a primeira vez que conhecem esses sítios de redes sociais. Esta é a razão pela qual os alunos não têm conhecimento desses sítios. Ao introduzir a utilização destes outros sítios de redes sociais, tanto os professores como os bibliotecários devem publicitar e, ao mesmo tempo, informar os alunos para que estes estejam conscientes e os utilizem.

Com base nos resultados, os sítios de redes sociais como o blogger, o twitter, o multiply, o friendster, o tumbler, o Plurk, o flicker e o LinkedIn têm uma probabilidade associada ao valor p calculado que é superior ao nível alfa, que é de 0,05, o que mostra que não existe uma diferença significativa. A hipótese de que existe uma diferença significativa na frequência de utilização destes sítios de redes sociais quando agrupados de acordo com a natureza do curso é, por conseguinte, rejeitada.

Comparação da frequência de utilização dos sítios de redes sociais de acordo com o género, considerando os grupos de inquiridos

A Tabela 5 mostra a comparação das diferenças na frequência de utilização dos sítios de redes sociais tendo em conta o género dos estudantes. A média global ponderada para o género masculino é de 1,51, que é "raramente", e de 1,45 para o género feminino, que é "nunca". Isto implica que existe uma ligeira diferença quando comparamos os grupos de inquiridos de acordo com o género.

Observando a tabela, todos os itens são classificados da mesma forma pelos alunos do sexo masculino e feminino. No entanto, os alunos do sexo masculino têm uma média mais elevada do que os alunos do sexo feminino.

O Plurk tem uma média ponderada de 1,16 para os estudantes do sexo masculino, em comparação com a média de 1,08 para as estudantes do sexo feminino. Isto implica que os estudantes do sexo masculino são mais activos na utilização destes sítios de redes sociais do que as estudantes do sexo feminino. O Plurk é uma rede social gratuita e um serviço de microblogging que permite aos utilizadores enviar actualizações (também conhecidas como Plurks) através de mensagens curtas ou hiperligações, que podem ter até 140 caracteres de texto (wikipidea, 2012). Como foi referido em wikipilipinas(2012), permite aos utilizadores publicar eventos da sua vida aos seus amigos através da utilização de mensagens curtas chamadas Plurks. Todos os Plurks aparecem numa linha de tempo juntamente com as

Tabela 5. Comparação da frequência de utilização dos sítios de redes sociais de acordo com o género, considerando os grupos de inquiridos

SÍTIOS DE REDES SOCIAIS	MACHO		FEMININO		valor t
	MEIO	DE	MEIO	DE	
Facebook	2.63	0	2.55	0	1.254^{ns}
YouTube	2.64	0	2.57	0	,989^{ns}
Blogger	1.33	N	1.26	N	1.507^{ns}
Twitter	1.26	N	1.21	N	1.068^{ns}
Multiplicar	1.28	N	1.22	N	1.218^{ns}
Friendster	1.34	N	1.27	N	1.624^{ns}
Tumblr	1.17	N	1.13	N	1.179^{ns}
Plurk	1.16	N	1.08	N	2.285*
Flickr	1.15	N	1.12	N	,980^{ns}
LinkedIn	1.18	N	1.10	N	2.377*
Total Média	1.51	S	1.45	N	

p>.05- não significativo (ns)

p ≤ .05 - significativo (*)

Legenda:

Limites estatísticos	Categoria	Equivalente descritivo (DE)
3.50-4.00	4	Sempre (A)
2.50-3.49	3	Frequentemente (O)
1.50-2.49	2	Raramente (S)
1.00-1.49	1	Nunca (N)

Plurks dos amigos do utilizador. Mostra a vida em direto. O Plurk tem caraterísticas semelhantes às do Facebook, de que os estudantes do sexo masculino gostam mais do que os do sexo feminino. Tal como referido em wikipidea.com, existem também funcionalidades avançadas, como o envio de actualizações apenas a um subconjunto dos seus amigos, a publicação de actualizações sobre eventos ocorridos no início do dia e a partilha de imagens, vídeos e outros meios de comunicação. Os utilizadores podem carregar ficheiros multimédia através do YouTube, de ligações, da webcam e do seu computador. Os Plurks também podem ser "apreciados", tal como noutros sítios sociais. Isto mostra que os estudantes do sexo masculino estão mais abertos a experimentar algo novo que outros possam não ter utilizado antes.

Do mesmo modo, o Linkedln tem uma média ponderada de 1,18 para os estudantes do sexo masculino, em comparação com a média de 1,10 para as estudantes do sexo feminino. A razão é o facto de os estudantes do sexo masculino utilizarem ardentemente os sítios de redes sociais para fins funcionais, como a procura de emprego. O Linkedln pode ser utilizado para procurar emprego e candidatar-se em linha. Tal como foi referido nos 10 principais sítios de redes sociais nas Filipinas em 2010, o Linkedln é um sítio de redes sociais popular para jovens profissionais e caçadores de emprego. No Linkedln, é possível adicionar colegas, inserir referências de carácter, trocar conhecimentos e ideias e partilhar oportunidades relacionadas com o trabalho. A utilização do Linkedln foi considerada uma das formas mais rápidas de contratar externalizadores filipinos. Isto também corrobora a afirmação de Ishak (2012) de que um dos melhores exemplos de uma rede social de interesse especial é o Linkedln, uma rede social muito popular para executivos de empresas.

Outra razão pela qual os estudantes do sexo masculino têm uma média mais elevada do que os estudantes do sexo feminino é a sua tendência para jogar jogos na Internet mais do que as mulheres. Este facto está em consonância com as conclusões de Lin & Subrahmanyam (2007), tal como afirmado por Flad (2010) no seu estudo, em que os estudos demonstraram que os rapazes têm estado mais online do que as raparigas nas décadas anteriores devido a formas anteriores de tecnologia, como os jogos de vídeo ou de computador. Além disso, no estudo de Peter e Valkenburg (2009), tal como referido novamente no estudo de Flad (2010), num estudo recente, foi demonstrado que os rapazes adolescentes parecem beneficiar mais da utilização da Internet e da tecnologia de comunicação do que as raparigas. Esta hipótese foi levantada porque os rapazes tendem a ter mais dificuldade em expressar os seus pensamentos e emoções cara a cara com os outros do que as raparigas.

Por outro lado, as conclusões do estudo de Flad (2010) contrariam este resultado, uma vez que, ao analisar as diferenças nas respostas com base no género, a conclusão mais significativa foi que sessenta e seis por cento das mulheres afirmaram visitar um SRS "mais de cinco vezes por dia" contra trinta e três por cento dos homens. Além disso, este resultado contraria o estudo de Valenzuela et al. (2008), em que as estudantes do sexo feminino tinham mais probabilidades de ter uma conta no Facebook do que os estudantes do sexo masculino. E o estudo de Tham e Ahmed (2011), cujos resultados revelaram que as estudantes universitárias do sexo feminino passavam mais tempo em SRSs do que os estudantes do sexo masculino.

Com base nos resultados, os sítios de redes sociais Plurk e LinkedIn registaram um valor t de 0,023 e 0,018, respetivamente, que é inferior ao nível alfa de 0,05, o que significa que existe uma diferença significativa. Isto aceita a hipótese de que existe uma diferença significativa na frequência de utilização dos sítios de redes sociais pelos estudantes universitários quando avaliados em função do género. Quanto aos restantes sítios de redes sociais listados, são todos considerados não significativos, com um valor t calculado superior ao nível de significância de 0,05, o que contradiz a hipótese.

Nível de interesse na utilização de sítios de redes sociais por estudantes universitários

As respostas dos estudantes universitários sobre o nível de interesse na utilização de sítios de redes sociais são apresentadas na tabela 6. Obteve-se uma média ponderada global de 2,51, que corresponde a um interesse moderado. Isto significa que os inquiridos estão interessados em utilizar os sítios de redes sociais para fins académicos. Os inquiridos também estão interessados em utilizar a Internet para entretenimento e socialização.

Como se pode ver na tabela, o primeiro lugar com a classificação mais elevada é a realização de trabalhos, com uma média ponderada de 3,12. Isto implica que a principal prioridade dos inquiridos na utilização dos sítios de redes sociais é fazer trabalhos, trabalhos de casa, trabalhos de investigação, etc., o que está mais relacionado com o trabalho escolar do que com o entretenimento. Isto comprova as conclusões apresentadas no quadro 2, em que o principal objetivo dos inquiridos ao utilizarem o computador e/ou a Internet é navegar para fazer trabalhos escolares. Este facto corrobora uma das conclusões de um estudo de investigação apresentado por Cain (2008), segundo o qual os investigadores retiraram da análise que a utilização do Facebook não é relegada para o lazer

Tabela 6. Nível de interesse na utilização de sítios de redes sociais pelos estudantes universitários

TEMAS	MEIO	DE
Receber e enviar mensagens	2.93	MI
Fazer novos amigos	2.77	MI
Reencontrar velhos amigos	3.10	MI
Conversar com amigos	2.84	MI
Procurar pessoas com interesses comuns ou juntar-se a grupos de interesses	2.26	LI
Jogar jogos	2.15	LI
Ver o álbum de fotografias dos amigos	2.80	MI
Manter-se em contacto com os amigos que raramente vê Pessoa	2.83	MI
Manter-se em contacto com os amigos que vê com frequência	2.54	MI
Publicar mensagens, avisos, anúncios, etc.	2.51	MI
Carregar imagens	2.61	MI
Descarregar imagens	2.48	LI
Alterar ou editar dados do perfil (por exemplo, estado, escola, fotografia do perfil, etc.)	2.42	LI
Faça planos com os seus amigos	2.27	LI
Namoriscar com as pessoas	1.44	NI
Procurar emprego	2.28	LI
Partilhar ficheiros para uso pessoal	2.04	LI
Partilhar ficheiros para uso académico	2.41	LI
Descarregar ficheiros para uso pessoal	2.53	MI
Descarregar ficheiros para uso académico	2.68	MI
Comunicar com o professor ou o conselheiro	2.13	LI
Comunicar com amigos para fins académicos	2.72	MI
Criar grupos de discussão académicos	2.43	LI
Atribuição de tarefas	3.12	MI
Apresentar os trabalhos aos professores ou conselheiros	2.36	LI
Total Média	2.51	MI

Legenda:

Limites estatísticos	Categoria	Equivalente descritivo (DE)

3.50-4.00	4	Muito interessado (VI)
2.50-3.49	3	Moderadamente interessado (MI)
1.50-2.49	2	Menos interessado (LI)
1.00-1.49	1	Não Interessado (NI)

tempo, mas sim parte de uma interação social natural que está interligada com outras actividades relacionadas com a escola durante uma semana. Além disso, este facto está de acordo com os dados recolhidos de várias fontes pela OnlineEducation.net, tal como citado por O'Del (2011), segundo os quais cerca de setenta e cinco por cento dos estudantes inquiridos afirmaram que gostariam de colaborar em linha nos trabalhos da aula.

O segundo lugar é ocupado pela procura de velhos amigos, com uma média ponderada de 3,10, equivalente a moderadamente interessado. Uma das caraterísticas dos sítios de redes sociais, especialmente o Facebook, é a possibilidade de encontrar e procurar velhos amigos ou colegas de turma. Esta é uma das caraterísticas poderosas dos sítios de redes sociais, que convida muitas pessoas de todas as gerações a tornarem-se membros desses sítios de redes sociais. É possível estar ligado a colegas de turma do passado, como da pré-escola, do ensino básico, do ensino secundário ou mesmo a amigos de infância. Um resultado semelhante realizado por Thomas (2007) revelou que oitenta e oito por cento dos estudantes inquiridos afirmaram que utilizavam os sítios de redes sociais para se manterem em contacto com velhos amigos e que os sítios de redes sociais permitem que as pessoas se mantenham em contacto com amigos de todo o país. Além disso, este resultado tem a mesma opinião de Rouis et al. (2011), que indicam que os estudantes com perfis específicos se concentram mais em estabelecer pontes entre redes sociais, manter o contacto com antigos contactos e desenvolver novas amizades. Este facto está novamente de acordo com a afirmação de Valenzuela et al. (2008), em que as redes sociais online são estruturas úteis para ligar as pessoas, permitindo-lhes criar conteúdos e participar em assuntos públicos de uma forma significativa.

A terceira posição é ocupada pela receção e envio de mensagens, com uma média ponderada de 2,93, o que equivale a "moderadamente interessado". Este ponto vem a seguir porque uma das caraterísticas mais utilizadas nos sítios de redes sociais é a comunicação com os amigos, por exemplo, através de mensagens sob a forma de correio eletrónico. Trata-se, na verdade, de uma forma assíncrona de receber mensagens, em que duas pessoas não estão necessariamente ao mesmo tempo para receber essa mensagem, podendo uma pessoa receber e ler a mensagem enviada pelos seus amigos quando tiver tempo para a verificar. Ao contrário da conversação, em que ambas as partes devem estar ao mesmo tempo para comunicar e trocar mensagens, o que se designa por síncrono. Isto está de acordo com o pensamento de Valenzuela et al. (2008), segundo o qual os perfis do Facebook incluem dois tipos de serviços de mensagens: um sistema privado, que é muito semelhante a um serviço de webmail, e um sistema público chamado "o mural", onde os "amigos" deixam comentários ao proprietário do perfil que podem ser vistos por outros utilizadores. Normalmente, o "mural" contém mensagens curtas que reflectem sentimentos, actividades comuns entre "amigos" ou chamam a atenção para sítios Web ou eventos externos.

Os três menos classificados pelos inquiridos foram: (1) namoriscar com pessoas, com uma média ponderada de 1,44 descrita como não interessada; (2) partilhar ficheiros para uso pessoal, com uma média ponderada de 2,04 descrita como menos interessada; e (3) comunicar com o professor ou conselheiro, com uma média ponderada de 2,13 descrita como menos interessada.

O flirt com as pessoas tem a média menos ponderada porque os inquiridos acreditam que os sítios de redes sociais não são utilizados para tais actos que degradam a personalidade de uma pessoa. Além disso, o termo "namoriscar" tem uma conotação negativa para os inquiridos, que pode significar fazer aberturas românticas ou sexuais de forma divertida, tendo em conta que os inquiridos são futuros profissionais. Isto significa que os inquiridos estão muito conscientes da conduta ética na utilização dos sítios de redes sociais.

A partilha de ficheiros para uso pessoal vem a seguir como uma das menos classificadas. Isto mostra que os inquiridos valorizam a sua privacidade, pelo que não mostram prontamente ficheiros pessoais se não tiverem a certeza da sua segurança.

A seguir vem a comunicação com o professor ou orientador; esta é considerada uma das menos importantes porque nem todos os alunos são amigos do professor nos sítios de redes sociais. Do mesmo modo, os alunos são tímidos ou têm medo de convidar o seu professor ou orientador para ser um dos seus amigos na utilização de sítios de redes sociais devido a reservas. Este facto está de acordo com a afirmação de Harris (2008), tal como referido por Hansen et al. (2010), no seu estudo, segundo o qual outros estão preocupados com o facto de os professores e os estudantes que se tornam amigos uns dos outros no Facebook poderem resultar em questões de privacidade, relações inadequadas e problemas de credibilidade. Também esta afirmação foi apoiada por Kuh e Hu (2000), tal como foi novamente declarado por Hansen et al. (2010), no seu estudo, que salientou que a frequência e a natureza das interações entre estudantes e professores podem ter um impacto mais substancial quando têm um foco académico - em contraste com as trocas exclusivamente sociais.

Diferença no nível de interesse na utilização de sítios de redes sociais por estudantes universitários

Esta secção apresenta a análise das respostas dos inquiridos para determinar qualquer diferença nas suas percepções de acordo com a natureza do curso e o género.

Comparação do Nível de Interesse na Utilização de Sites de Redes Sociais de acordo com a Natureza do Curso Considerando os Grupos de Inquiridos

A Tabela 7 apresenta a comparação das diferenças no nível de interesse na utilização de sítios de redes sociais de acordo com a natureza do curso, considerando os grupos de inquiridos. Como mostra a tabela, a média global ponderada obtida é de 2,60 para os estudantes não técnicos, interpretada como "moderadamente interessados", e de 2,39 para os estudantes técnicos, interpretada como "menos interessados". Isto significa que existe uma ligeira diferença entre os grupos de inquiridos quando agrupados de acordo com a natureza do curso. Não

Tabela 7. Comparação do nível de interesse na utilização de sítios de redes sociais de acordo com a natureza do curso

TEMAS	NÃO TÉCNICOS		TÉCNICA		valor t
	MEIO	DE	MEIO	DE	
Receber e enviar mensagens	3.07	MI	2.76	MI	5.101*
Fazer novos amigos	2.89	MI	2.62	MI	4.510*
Reencontrar velhos amigos	3.25	MI	2.90	MI	5.643*
Conversar com amigos	2.98	MI	2.66	MI	4.834*
Procurar pessoas com interesses comuns ou juntar-se a grupos de interesses	2.34	LI	2.17	LI	2.708*
Jogar jogos	2.19	LI	2.10	LI	1.372ns
Ver o álbum de fotografias dos seus amigos	2.90	MI	2.67	MI	3.836*
Manter-se em contacto com amigos que raramente vê pessoalmente	3.03	MI	2.59	MI	7.013*
Manter-se em contacto com os amigos que vê com frequência	2.65	MI	2.40	LI	3.792*
Enviar mensagens e avisos, anúncios, etc.	2.63	MI	2.35	LI	4.206*
Carregar imagens	2.69	MI	2.52	MI	2.769*
Descarregar imagens	2.60	MI	2.34	LI	3.966*
Alterar ou editar dados do perfil (por exemplo, estado, escola, fotografia do perfil, etc.)	2.45	LI	2.39	LI	,872ns
Faça planos com os seus amigos	2.37	LI	2.15	LI	3.442*
Namoriscar com as pessoas	1.42	NI	1.47	NI	-,942ns
Procurar emprego	2.31	LI	2.25	LI	,791ns
Partilhar ficheiros para uso pessoal	2.10	LI	1.97	LI	1.974*
Partilhar ficheiros para uso académico	2.53	MI	2.25	LI	4.112*
Descarregar ficheiros para uso pessoal	2.66	MI	2.35	LI	4.350*
Descarregar ficheiros para uso académico	2.86	MI	2.45	LI	5.935*
Comunicar com o professor ou o conselheiro	2.16	LI	2.10	LI	,933ns
Comunicar com amigos para fins académicos	2.89	MI	2.52	MI	5.581*
Criar grupos de discussão académica	2.55	MI	2.28	LI	3.965*
Atribuição de tarefas	3.19	MI	3.02	MI	2.634*
Apresentar os trabalhos aos professores ou conselheiros	2.37	LI	2.35	LI	,299ns
Total Média	2.60	MI	2.39	LI	5.615*

$p > .05$ - não significativo (ns)

$p \leq .05$ - significativo (*)

Legenda:

Limites estatísticos	Categoria	Equivalente descritivo (DE)
3.50-4.00	4	Muito interessado (VI)
2.50-3.49	3	Moderadamente interessado (MI)
1.50-2.49	2	Menos interessado (LI)
1.00-1.49	1	Não Interessado (NI)

os estudantes técnicos são atraídos pelas diferentes actividades que se encontram nos sítios de redes sociais, enquanto os estudantes técnicos não são atraídos pelas diferentes actividades dos sítios de redes sociais. Isto deve-se ao facto de os estudantes não técnicos se dedicarem mais às actividades sociais do que os estudantes técnicos. Como foi explicado anteriormente, os estudantes não técnicos dedicam-se mais aos seres humanos, onde as interações sociais são necessárias e obrigatórias na sua natureza de curso, ao passo que os estudantes técnicos se dedicam mais ao domínio das ciências, onde se ocupam principalmente de plantas, agricultura e florestas.

Os temas seguintes que mereceram uma classificação elevada de ambos os inquiridos são encontrar velhos amigos, fazer tarefas e receber e enviar mensagens. Isto quer dizer que, com estes temas dos sítios de redes sociais, os estudantes não técnicos e técnicos utilizam-nos sempre que estão ligados ao computador ou à Internet.

Encontrar velhos amigos tem uma média de 3,25 para os estudantes não técnicos, enquanto para os estudantes técnicos tem uma média de 2,90. Os estudantes não técnicos classificaram-na como a primeira, enquanto os estudantes técnicos a consideraram como a segunda. Isto explica que os estudantes não técnicos apreciam mais esta caraterística do que os estudantes técnicos. Isto deve-se ao facto de estarem mais ligados aos seus velhos amigos, que valorizam na sua vida social. Este facto é explicado por uma das principais caraterísticas da maioria dos sítios de redes sociais, especialmente quando falamos do Facebook. Atualmente, a maioria dos sítios de redes sociais é muito procurada devido à sua capacidade de localizar e encontrar amigos, familiares, colegas de turma, etc., há muito perdidos. Através destes sítios de redes sociais, as pessoas podem continuar a ligar-se umas às outras, razão pela qual os inquiridos consideraram que este era o seu tema principal. Isto está de acordo com a ideia de Cain (2008), segundo a qual, de um modo geral, as redes sociais em linha permitem que os indivíduos se mantenham em contacto social relativamente próximo com outros através da utilização destes sítios Web. Estes sítios têm sido descritos como facilitadores de relações que ajudam os indivíduos a estabelecer ligações com outros. Isso também está de acordo com a ideia de Hansen et al. (2010), de que os SRSs fornecem um meio para que os alunos desenvolvam relacionamentos uns com os outros sem as restrições de proximidade impostas a eles. Isso também corrobora a ideia de Boyd (2007) de que os SRSs são usados principalmente para se comunicar com amigos, especificamente para manter relacionamentos existentes e solidificar conexões offline, mais do que para conhecer novas pessoas. Os utilizadores de SRS tendem a procurar pessoas que conhecem offline, sendo que noventa e um por cento utilizam os SRS para se ligarem a pessoas que conhecem.

Na realização de trabalhos, os estudantes não técnicos classificaram-na como a segunda, com uma média de 3,19, enquanto os estudantes técnicos a classificaram como a primeira, com uma média de 3,02. Isto significa que os inquiridos apreciam os sítios de redes sociais devido à vasta informação que podem utilizar para fazer as suas tarefas, trabalhos de casa, pesquisas, etc. Como foi explicado nas discussões anteriores, a realização de trabalhos é a sua prioridade na utilização da Internet e dos sítios de redes sociais.

A receção e o envio de mensagens também receberam uma classificação elevada de ambos os grupos, que consideraram ser a terceira opção, com uma média de 3,07 para os estudantes não técnicos e de 2,76 para os estudantes técnicos. Este item dá crédito às afirmações anteriores de que os inquiridos gostam desta funcionalidade para facilitar a comunicação em linha.

Os resultados acima referidos são ainda reforçados pelo tema "manter o contacto com amigos que raramente se vêem pessoalmente", com uma média de 3,03 para os estudantes não técnicos e de 2,59 para os estudantes técnicos. Isto está de acordo com as afirmações anteriores de que os inquiridos utilizam os sítios de redes sociais para poderem estar em contacto com os seus colegas da pré-escola, do ensino básico, do ensino secundário ou mesmo com os seus amigos de infância.

Por outro lado, os inquiridos atribuíram uma classificação baixa aos seguintes temas. São eles: namoriscar com pessoas, partilhar ficheiros para uso pessoal, comunicar com o professor ou o conselheiro. Isto significa que os inquiridos não costumam dar importância a estes temas na utilização dos sítios de redes sociais.

O flirt com pessoas tem uma média de 1,42 para os estudantes não técnicos e de 1,47 para os estudantes técnicos. A resposta é consistente com a tabela anterior, em que os inquiridos estão altamente conscientes da conduta adequada na utilização de sítios de redes sociais.

Do mesmo modo, a partilha de ficheiros para uso pessoal obteve uma classificação baixa por parte dos inquiridos. Isto deve-se ao facto de não utilizarem as redes sociais para partilharem os seus ficheiros pessoais. Os inquiridos utilizam pen drives ou discos para partilharem os seus ficheiros pessoais, mas não através das redes sociais. Consideram o meio de partilha através dos seus discos externos mais fácil e menos dispendioso do que a partilha através das redes sociais.

Quanto à comunicação com o professor ou orientador, os inquiridos também a classificaram como baixa. Isto indica que os inquiridos não utilizam as redes sociais para comunicar com o seu professor ou orientador, mas comunicam com o professor ou orientador cara a cara ou pessoalmente. Consideram que não é ético utilizar as redes sociais, a menos que sejam próximos do seu professor ou orientador. Consideram que é mais adequado abordar o professor ou o conselheiro pessoalmente para uma comunicação mais clara e um feedback imediato. Além disso, as expressões faciais e corporais são importantes na comunicação. Este facto está de acordo com o trabalho de Hewitt (2006), tal como afirmado por Hansen et al. (2010), que refere que os estudantes fazem comentários como "O Facebook é uma rede mais social; eles (os professores) não têm necessidade de se relacionar com os estudantes para fins sociais. Os docentes e os estudantes devem manter-se separados no que respeita a funções sociais." Consequentemente, alguns estudantes parecem apreensivos quanto ao facto de o corpo docente e a administração serem seus amigos (Hansen et al., 2010).

Como se depreende do quadro, a maior parte dos temas apresenta uma diferença significativa porque o valor p é inferior ao nível alfa de 0,05. Assim, aceita-se a hipótese de que existe uma diferença significativa no nível de interesse dos estudantes universitários em utilizar os sítios de redes sociais, quando avaliados de acordo com a natureza do curso.

Comparação do nível de interesse na utilização de sítios de redes sociais de acordo com o género, considerando os grupos de inquiridos

A Tabela 8 apresenta a comparação das diferenças no nível de interesse na utilização de sítios de redes sociais de acordo com o género dos inquiridos por grupos. Como mostra a tabela, a média global ponderada obtida é de 2,48 para os estudantes do sexo masculino e de 2,52 para as estudantes do sexo feminino, interpretadas como "menos interessadas" e "moderadamente interessadas", respetivamente. Isto significa que as estudantes do sexo feminino estão mais interessadas do que os estudantes do sexo masculino em utilizar as diferentes actividades existentes nos sítios de redes sociais.

Como se depreende do quadro, quase setenta por cento dos temas têm um valor p superior ao nível alfa de 0,05, o que significa que a hipótese de que existe uma diferença significativa no nível de interesse na utilização de sítios de redes sociais em função do género é rejeitada. Globalmente, esta

Tabela 8. Comparação do nível de interesse na utilização de sítios de redes sociais de acordo com o género, considerando os grupos de inquiridos

TEMAS	MACHO		FEMININO		valor t
	MEIO	DE	MEIO	DE	
Receber e enviar mensagens	2.81	MI	2.98	MI	2.419*
Fazer novos amigos	2.75	MI	2.78	MI	,482^{ns}

Reencontrar velhos amigos	2.98	MI	3.15	MI	2.457*
Conversar com amigos	2.77	MI	2.87	MI	1.321^{ns}
Procurar pessoas com interesses comuns ou juntar-se a grupos de interesses	2.28	LI	2.26	LI	-,325^{ns}
Jogar jogos	2.36	LI	2.06	LI	-3.668*
Ver o álbum de fotografias dos seus amigos	2.71	MI	2.83	MI	1.773^{ns}
Manter-se em contacto com amigos que raramente vê pessoalmente	2.66	MI	2.90	MI	3.418*
Manter-se em contacto com os amigos que vê com frequência	2.55	MI	2.53	MI	-.189
Publicar mensagens, avisos, anúncios, etc.	2.46	LI	2.53	MI	,861^{ns}
Carregar imagens	2.47	LI	2.67	MI	3.016*
Descarregar imagens	2.42	LI	2.51	MI	1.218^{ns}
Alterar ou editar dados do perfil (por exemplo, estado, escola, fotografia do perfil, etc.)	2.31	LI	2.47	LI	2.063*
Faça planos com os seus amigos	2.32	LI	2.26	LI	-,900^{ns}
Namoriscar com as pessoas	1.67	LI	1.35	NI	-5.223*
Procurar emprego	2.32	LI	2.26	LI	-,716^{ns}
Partilhar ficheiros para uso pessoal	2.15	LI	2.00	LI	-1.966*
Partilhar ficheiros para uso académico	2.43	LI	2.40	LI	-,301^{ns}
Descarregar ficheiros para uso pessoal	2.54	MI	2.52	MI	-,205^{ns}
Descarregar ficheiros para uso académico	2.63	MI	2.70	MI	1.007^{ns}
Comunicar com o professor ou o conselheiro	2.09	LI	2.15	LI	,848^{ns}
Comunicar com amigos para fins académicos	2.63	MI	2.76	MI	1.805^{ns}
Criar grupos de discussão académica	2.42	LI	2.43	LI	.175
Atribuição de tarefas	3.04	MI	3.15	MI	1.402
Apresentar os trabalhos aos professores ou conselheiros	2.31	LI	2.38	LI	,974^{ns}
Total Média	2.48	LI	2.52	MI	,722^{ns}

$p > .05$ - não significativo (ns) $p \leq .05$ - significativo (*) Legenda:

Limites estatísticos	Categoria	Equivalente descritivo (DE)
3.50-4.00	4	Muito interessado (VI)
2.50-3.49	3	Moderadamente interessado (MI)
1.50-2.49	2	Menos interessado (LI)
1.00-1.49	1	Não Interessado (NI)

significa que, independentemente do género, os estudantes do ensino técnico e não técnico têm um nível de interesse semelhante na utilização de sítios de redes sociais nos referidos indicadores.

No entanto, há trinta por cento dos temas em que os inquiridos, de acordo com o género, apresentaram diferenças significativas, sendo o valor de p inferior ou igual ao nível alfa de 0,05, o que significa que a hipótese é aceite. Estes temas são: receber e enviar mensagens, encontrar velhos amigos, jogar jogos, manter-se em contacto com amigos que raramente se vêem pessoalmente, carregar imagens, alterar ou editar imagens de perfil, namoriscar com pessoas e partilhar ficheiros para uso pessoal.

Receber e enviar mensagens tem uma diferença significativa, porque as alunas utilizam mais os sítios de redes sociais para comunicar com os amigos do que os seus homólogos masculinos. As estudantes do sexo feminino são mais vocais na partilha das suas ideias e sentimentos através de mensagens de chat ou de correio eletrónico do que os estudantes do sexo masculino. Esta constatação está de acordo com Merten e Williams (2009), tal como afirmado no estudo de Flad (2010), segundo o qual cinquenta e cinco por cento das raparigas partilharam histórias pessoais sobre depressão, ansiedade e problemas de relacionamento, enquanto apenas quinze por cento dos rapazes partilharam informações pessoais para além dos seus passatempos, interesses e amizades. Isto também corrobora a afirmação de Giles e Price (2008), tal como está escrito no estudo de Flad (2010), de que as raparigas referiram que utilizam a Internet para coisas como conversar. Por este motivo, pode colocar-se a hipótese de as raparigas se sentirem mais atraídas por sítios de redes sociais e outros grupos sociais em linha. Esta é também a ideia de rede social defendida por Coyle e Vaughn (2008), em que é uma forma de as pessoas comunicarem em sociedade e construírem relações com os outros.

Reencontrar velhos amigos e manter o contacto com amigos que raramente se vêem pessoalmente também têm uma classificação mais elevada para as mulheres do que para os homens. Isto deve-se ao facto de as mulheres estarem mais ligadas a velhos ou novos amigos. As mulheres têm uma tendência mais emocional do que os homens, valorizando ou apreciando a amizade que existiu entre elas. Isto corrobora o estudo de Flad (2010), segundo o qual, para as raparigas, os sítios de redes sociais são sobretudo locais para reforçar amizades preexistentes.

Carregar imagens e alterar ou editar os dados do perfil têm classificações elevadas para as mulheres em comparação com os homens, porque as mulheres estão mais preocupadas em publicar as suas imagens em linha do que os homens. Por conseguinte, as mulheres são mais vistosas em termos do seu estatuto ou dos dados actuais do seu perfil do que os homens. Thomas (2007) afirma que ter muitas fotografias de si próprio é considerado prestigiante. Isto está de acordo com a ideia de Tufekci (2008) de que, ao concetualizar a razão pela qual estes sítios atraem tantas pessoas, é importante notar que cada SNS se centra na apresentação do eu e do estatuto social. Conforme explicado por Barker (2009), cada pessoa que entra em um SRS deve escolher uma foto para postar em seu perfil pessoal, que é a foto que será usada como representação de si mesma. Algumas pessoas utilizam uma fotografia recente do seu rosto ou uma fotografia de um grupo de amigos, enquanto outras escolhem uma imagem diferente que pretende que as represente a elas próprias ou aos seus valores. De qualquer forma, essa imagem é importante quando se olha para um SRS porque mostra como cada indivíduo gostaria de ser visto pelos outros. Além disso, de acordo com Flad (2010), é mais provável que as mulheres se envolvam em redes sociais do que os homens, embora tanto homens como mulheres possam ter acesso a estes sítios Web de várias formas. As mulheres investem mais tempo na manutenção das suas contas.

Além disso, existe realmente uma diferença significativa no que diz respeito à prática de jogos, porque sabemos de facto que os homens gostam mais de jogos de computador do que as mulheres e, tal como observado nos cibercafés, são sobretudo os homens que estão lá a jogar. Este facto é corroborado pelo estudo de Flad (2010), segundo o qual, nas décadas anteriores, os rapazes estavam mais ligados à Internet do que as raparigas, devido às primeiras formas de tecnologia, como os jogos de vídeo ou de computador. As raparigas referiram que utilizam a Internet para coisas como conversar e descarregar música.

Outra é o flirt com as pessoas, sendo que os homens gostam mais deste ato do que as mulheres. Esta conclusão está de acordo com Flad (2010), segundo o qual, para as raparigas, os sítios de redes sociais são sobretudo locais para reforçar amizades pré-existentes, ao passo que, para os rapazes, as redes também proporcionam oportunidades para namoriscar e fazer novos amigos.

Isto também está de acordo com as conclusões de Peter e Valkenburg (2009), tal como referido por Flad (2010) no seu estudo, segundo o qual os rapazes adolescentes parecem beneficiar mais da utilização da Internet e da tecnologia da comunicação do que as raparigas. Esta hipótese foi formulada porque os rapazes tendem a ter mais dificuldade em expressar os seus pensamentos e emoções cara a cara com os outros do que as raparigas.

A partilha de ficheiros para uso pessoal apresenta uma diferença significativa entre os inquiridos do sexo masculino e feminino. Isto porque os inquiridos do sexo masculino estão abertos à partilha de ficheiros para uso pessoal através dos sítios de redes sociais. Isto deve-se ao facto de os homens estarem mais familiarizados com as caraterísticas dos sítios de redes sociais do que as mulheres. Os homens podem ter considerado que isto é mais fácil e mais rápido do que outras alternativas, como através de USB, discos, etc., ou pode também acontecer que as mulheres ainda não tenham descoberto a importância desta funcionalidade dos sítios de redes sociais.

De um modo geral, o quadro mostra que não existe uma diferença significativa no nível de interesse em utilizar os sítios de redes sociais em função do género, considerando os grupos de inquiridos. Consequentemente, a hipótese de que existe uma diferença significativa no nível de interesse na utilização dos sítios de redes sociais por parte dos estudantes universitários quando avaliados em função do género é rejeitada. Isso contradiz a descoberta de Ahmed et al. (2011), onde o estudo concluiu que há uma diferença significativa no uso de SRSs entre estudantes do sexo masculino e feminino.

Nível de Impacto dos Sites de Redes Sociais no Desempenho Académico dos Estudantes Universitários

As respostas dos estudantes universitários quanto ao nível de impacto dos sítios de redes sociais no seu desempenho académico são apresentadas na tabela 9. Obteve-se uma média global ponderada de 2,39 e 2,34 para os estudantes não técnicos e técnicos, respetivamente, o que equivale a "menos impacto". Esta conclusão significa que não há muito impacto dos sítios de redes sociais no desempenho académico dos inquiridos. Isto deve-se ao facto de a maioria dos sítios de redes sociais, como o Facebook e o YouTube, serem filtrados ou bloqueados dentro da universidade. Garcia (2012, entrevista) afirmou que a acessibilidade é um problema, pelo que os estudantes têm de se deslocar a um cibercafé para aceder a esses sítios, o que representa um encargo financeiro adicional para os estudantes. Outra razão, afirmada por Yango (2012, entrevista), é a falta de informação dos inquiridos sobre a utilização dos sítios de redes sociais, de modo a maximizá-la para fins académicos. Outras razões são o facto de os estudantes não estarem familiarizados com a utilização dos sítios de redes sociais e o facto de outros estudantes não estarem bem familiarizados com a utilização dos computadores (BSA, 2012). Isso concorda com as descobertas de Helou e Ab.Rahim (2011) de que não houve diferenças significativas nas notas dos alunos, antes e depois de seu envolvimento com os SRSs e eles também acreditam que os SRSs não são apenas para uso pessoal, mas também adequados para

Tabela 9. Nível de impacto dos sítios de redes sociais no desempenho académico dos estudantes universitários

Não	TEMAS	NÃO TÉCNICOS		TÉCNICA		AVG	
		MEIO	DE	MEIO	DE	MEIO	DE
1	Estes sítios de redes influenciam negativamente o meu desempenho académico, porque me distraem dos meus estudos	2.31	LI	2.41	LI	2.35	LI
2	A utilização das redes sociais implica gastar dinheiro e é uma perda de tempo, o que afectará a minha vida académica	2.47	LI	2.51	MI	2.49	LI
3	A dependência dos SNS é uma questão problemática que afecta a minha vida académica	2.36	LI	2.41	LI	2.38	LI
4	É-me difícil concentrar-me nos estudos sabendo que posso jogar jogos em linha e visitar esses sítios, bastando para isso entrar neles	2.14	LI	2.18	LI	2.16	LI
5	Tento visitar as redes sociais (Facebook,	2.44	LI	2.30	LI	2.38	LI

	Twitter, etc.) antes de fazer a minha tarefa ou trabalho escolar						
6	Comparo as minhas notas antes de me envolver com estes SNS e depois de me envolver. Vejo uma queda (mesmo que ligeira) no meu desempenho académico	2.00	LI	2.10	LI	2.05	LI
7	Os SNS são para uso pessoal ou social e não para uso educativo	2.23	LI	2.24	LI	2.24	LI
8	A utilização dos SNS é útil nas instituições de ensino superior, porque são uma aplicação de comunicação eficaz	2.86	MI	2.58	MI	2.73	MI
9	Podem ser organizadas discussões de grupo com os meus colegas de turma utilizando as redes sociais	2.44	LI	2.34	LI	2.40	LI
10	É possível marcar uma reunião com o meu professor/orientador através do SNS	2.24	LI	2.25	LI	2.24	LI
11	As redes sociais são úteis para os meus estudos porque posso receber avisos dos professores/orientadores	2.50	MI	2.42	LI	2.47	LI
12	As redes sociais ajudam-me nos estudos porque posso discutir os meus trabalhos com os meus amigos	2.48	LI	2.31	LI	2.40	LI
13	A utilização das redes sociais melhora a minha interação com os colegas e os professores/orientadores	2.44	LI	2.33	LI	2.39	LI
14	Utilizo as redes sociais para facilitar as actividades académicas e para me coordenar com os amigos	2.60	MI	2.38	LI	2.50	MI
	Total Média	2.39	LI	2.34	LI	2.37	LI

Legenda:

Limites estatísticos	Categoria	Equivalente descritivo (DE)
3.50-4.00	4	Alto impacto (HI)
2.50-3.49	3	Impacto moderado (MI)
1.50-2.49	2	Menor impacto (LI)
1.00-1.49	1	Sem Impacto (NI)

educação.

Como se pode ver na tabela, existem apenas dois temas que os inquiridos classificaram como tendo um "impacto moderado". Estes temas são, na verdade, impactos positivos, a saber: (1) a utilização dos SNS é útil nas instituições de ensino superior, porque são uma aplicação de comunicação eficaz, com uma média de 2,73; e (2) utilizo os SNS para facilitar as actividades académicas e coordenar com os amigos, com uma média de 2,50.

A utilização dos SNS é útil nas instituições de ensino superior. Os inquiridos que pertencem a uma instituição de ensino superior confirmam este facto. Eles consideram que os SRSs são úteis de alguma forma para o seu desempenho académico. Isto está de acordo com a afirmação de Cain (2008) de que os sites de redes sociais online estão a começar a receber mais atenção das instituições de ensino superior. Os inquiridos utilizam os SRS para colocar questões ou dúvidas sobre os seus trabalhos ou temas escolares. Como estudantes universitários, eles vêem a importância de aderir a um SRS não apenas por causa da responsabilidade académica, mas também por causa da responsabilidade social. Isso corresponde à ideia de Thomas (2007) de que a Internet fez com que os estudantes universitários se tornassem mais criativos, alfabetizados e com habilidades sociais mais fortes. Isto também está de acordo com Boyd (2007), tal como referido por Flad (2010), segundo o qual os sítios de redes sociais proporcionam uma saída para os adolescentes se exprimirem à sua maneira. Além disso, servem como ponto de encontro para os adolescentes interagirem com outras pessoas que pensam da mesma forma e como locais de exposição das capacidades artísticas e musicais dos adolescentes. Stollak et al. (2011) concordam que, ao longo dos anos, as redes sociais entre os estudantes universitários têm vindo a tornar-se cada vez mais populares. É uma forma de estabelecer contactos, não só no campus, mas também com amigos fora da escola.

A utilização de SRS pelos inquiridos para facilitar as actividades académicas e coordenar com os amigos também teve um impacto moderado no seu desempenho académico. Isto ilustra que eles utilizam o SNS para os ajudar a planear e organizar as actividades escolares. Isto significa que, com a presença do SRS, eles podem melhorar o seu desempenho académico, utilizando-o para planear e organizar coisas para a escola. Tham (2011) concorda com este resultado quando afirma que os alunos acreditam que tais ferramentas podem permitir-lhes partilhar conhecimentos em contextos de educação formal. Isto também está de acordo com o pensamento de Ishak (2012) de que aqueles que têm acesso à Internet recorrem às redes sociais online, que permitem não só a comunicação instantânea com os amigos, mas também a partilha de interesses semelhantes. Nesse sentido, as redes sociais representam uma plataforma eficaz para os adolescentes interagirem e socializarem.

Outros impactos positivos que foram classificados como "menos impactantes" são (1) é possível organizar discussões de grupo com os meus colegas de turma utilizando os SRS; (2) é possível marcar uma reunião com o meu professor/conselheiro através dos SRS; (3) as redes sociais são úteis para os meus estudos porque posso receber avisos dos professores/conselheiros; (4) os SRS ajudam nos meus estudos porque posso discutir as minhas tarefas com os meus amigos; (5) a utilização dos SRS melhora a minha interação com os colegas de turma e com os professores/conselheiros. Estes impactos positivos foram considerados como tendo um ligeiro impacto no desempenho académico do inquirido. Tal como foi referido anteriormente, a acessibilidade a estes sítios é um problema dentro da universidade, porque é filtrada ou bloqueada pelo administrador da rede devido ao tráfego que provoca e que leva a uma largura de banda lenta;

além disso, outros estudantes não têm confiança para utilizar o computador, muito menos os sítios de redes sociais. Os alunos também preferem encontrar-se pessoalmente e discutir trabalhos de grupo num local específico, como a biblioteca. Outro problema é que outros professores/orientadores não utilizam as redes sociais para discutir questões académicas com os seus alunos, preferindo discuti-las pessoalmente com eles. Além disso, alguns professores são como alguns alunos que não estão confiantes na utilização de sítios de redes sociais e computadores.

Relativamente aos impactos negativos, todos os itens foram classificados como não tendo qualquer impacto para os inquiridos, nomeadamente (1) estes sites de redes sociais influenciam negativamente o meu desempenho académico, porque me distraem dos meus estudos; (2) a utilização de SRSs exige gastos e é uma perda de tempo, o que afecta a minha vida académica; (3) a dependência de SRSs é uma questão problemática que afecta a minha vida académica; (4) é difícil concentrar-me nos estudos sabendo que posso jogar jogos online e visitar estes sitos apenas entrando neles; (5) tento visitar os SRSs (Facebook, twitter, etc.) antes de fazer os meus trabalhos ou tarefas escolares; (6) comparo as minhas notas antes de me envolver nestes SRSs e depois de os ter utilizado.(6) Se comparar as minhas notas antes de me envolver nestes SRS e depois de me envolver, vejo uma queda (mesmo que ligeira) no meu desempenho académico; e (7) Os SRS são para uso pessoal ou social e não para uso educativo. Estes impactos negativos são considerados como tendo menos impacto no desempenho académico do inquirido porque, mais uma vez como já foi referido, os estudantes conseguem gerir o seu tempo em termos de fazer primeiro os trabalhos escolares antes do entretenimento. Outros factores são o facto de não utilizarem sítios de redes sociais, não saberem utilizar o computador, não conhecerem as vantagens da utilização de sítios de redes sociais, não serem incentivados pelos professores a utilizarem esses sítios, as despesas adicionais que os estudantes têm com o aluguer de um computador/ cibercafé e o facto de nem todos os estudantes terem computadores pessoais em casa.

De um modo geral, existe um impacto positivo na utilização de sítios de redes sociais pelos estudantes universitários. Esta pode melhorar o desempenho académico dos estudantes quando utilizada de forma adequada. Esta conclusão corrobora o estudo de Rouis (2011), que concluiu que a utilização do Facebook não tem um efeito negativo nos resultados académicos dos estudantes tunisinos, tendo, pelo contrário, um impacto positivo, uma vez que esta interdependência parece ser significativamente moderada pelo interesse dos estudantes na universidade e pelas suas capacidades de multitarefa. Isto também está de acordo com as conclusões de Linda (2006), tal como referido por Ahmed et al. (2011), de que a utilização de SRS tem um impacto positivo no desempenho académico dos estudantes. Pasek et al. (2009) afirmaram que a utilização do Facebook não é responsável pelas notas baixas dos estudantes. Kolek e Saunders (2008), citados por Ahmed et al. (2011), afirmaram que não havia relação entre as médias e os utilizadores de SRSs. No entanto, esta afirmação é contrariada pelas conclusões de Wilson (2009), tal como referido por Ahmed et al. (2011), segundo as quais as notas dos estudantes na universidade são afectadas de forma destrutiva pelo Facebook. Do mesmo modo, Khan (2009) afirmou que os utilizadores do Facebook têm um baixo desempenho nos exames. Kubey et al. (2001) proclamaram que o fraco desempenho académico se deve ao SRS (Ahmed et al., 2011). Da mesma forma, Banquil et al. (2009), encontrou notas decrescentes dos utilizadores de SRSs. Também Boogart e Robert (2006) mostraram o impacto negativo do Facebook no desempenho académico dos estudantes.

Relação entre a Frequência de Utilização e o Nível de Impacto dos Sites de Redes Sociais no Desempenho Académico dos Estudantes Universitários

Esta secção mostra a relação ou correlação entre a frequência de utilização e o nível de impacto dos sítios de redes sociais no desempenho académico dos estudantes universitários.

De um modo geral, o Quadro 10 revela que existe uma relação fraca entre a frequência de utilização dos sítios de redes sociais e o nível de impacto dos sítios de redes sociais no desempenho académico dos inquiridos.

Existe uma fraca correlação entre a frequência de utilização dos sítios de redes sociais e os impactos negativos no desempenho académico dos estudantes universitários, tais como: (1) os sítios de redes sociais influenciam negativamente o desempenho académico dos estudantes, porque os distraem dos seus estudos; (2) a utilização de SRS exige gastos de dinheiro e é uma perda de tempo, afectando assim a vida académica dos estudantes; (3) a dependência de SRS é uma questão problemática que afecta a vida académica dos estudantes; (4) os alunos têm dificuldade em concentrar-se nos estudos, sabendo que podem jogar jogos em linha e visitar esses sites, bastando para isso ligarem-se a eles; (5) os alunos tentam visitar os SRS antes de fazerem os seus trabalhos ou tarefas escolares; (6) comparando as notas dos alunos antes de se envolverem em sites de redes sociais e depois de se envolverem, verifica-se uma queda (mesmo que ligeira) no seu desempenho académico; e (7) os SRS são para uso pessoal ou social e não para uso educativo. Isto significa que, mesmo que o Facebook seja utilizado semanalmente ou com frequência, não está de todo relacionado com os impactos negativos dos sítios de redes sociais no desempenho académico dos estudantes universitários. Isto serve apenas para mostrar que, mesmo que haja uma utilização moderada dos sítios de redes sociais, esta não afecta negativamente o desempenho académico dos estudantes. Este facto é atribuído às discussões anteriores, segundo as quais os estudantes utilizam os sítios de redes sociais principalmente para fazer trabalhos escolares. Este resultado é positivo porque os SRS não são um fator que distraia os alunos no seu desempenho académico. Mas este resultado contradiz o estudo de San Miguel (2009), tal como mencionado por Stollak et al. (2011), que revelou que mais tempo no Facebook equivale a notas ligeiramente mais baixas. Outro é o estudo de Ahmed et al. (2011), onde se verificou um efeito significativo do tempo gasto na utilização de SRS no desempenho académico dos estudantes utilizadores.

Em comparação com a relação entre a frequência de utilização dos sítios de redes sociais e o impacto positivo dos sítios de redes sociais, o resultado é o mesmo: existe também uma relação fraca entre eles. Estas devem ser reforçadas para que os seguintes impactos positivos ajudem a melhorar o desempenho académico dos estudantes. Esses impactos positivos são os seguintes: (1) a utilização dos SRSs é útil nas instituições de ensino superior, porque são uma aplicação de comunicação eficaz; (2) podem ser organizadas discussões de grupo com os seus colegas de turma utilizando os SNSs; (3) pode ser marcado um encontro com o seu professor/orientador através dos SNSs; (4) os sites de redes sociais são úteis nos seus estudos porque podem receber anúncios dos professores/orientadores; (5) os SRS ajudam nos seus estudos porque podem discutir as suas tarefas com os amigos; (6) a utilização dos SRS melhora a sua interação com os colegas de turma e com os professores/orientadores; (7) utilizam os SRS para facilitar as actividades académicas e coordenar com os amigos. Isto mostra que não existe uma associação direta entre o impacto positivo dos sites de redes sociais no desempenho académico dos estudantes e a regularidade de utilização dos sites de redes sociais. A frequência de utilização dos sítios de redes sociais pelos inquiridos não apresenta uma relação forte com o impacto positivo dos sítios de redes sociais no seu desempenho académico. Estas conclusões estão em consonância com o estudo de Martin (2011), em que a investigação mostrou que não existe correlação entre o tempo que os estudantes passam a utilizar as redes sociais e as suas notas. Isso também está de acordo com as conclusões de Hargittai e Hsieh (2010) ao examinarem as possíveis implicações de como as pessoas passam o tempo nos SRSs. Eles descobriram que nem a intensidade do uso de SRS nem as práticas sociais realizadas nesses sites apresentam uma relação sistemática com o desempenho académico. Tham e Ahmed (2011) também descobriram em seu estudo que não existe uma relação significativa entre o tempo gasto no uso de SRS e o GPA obtido no semestre da primavera e outono de 2010.

Com base nos resultados, para maximizar a frequência de utilização e o impacto positivo no desempenho académico dos estudantes universitários, devem ser considerados os seguintes aspectos (1) defender sempre a utilização de computadores, tanto os professores como os alunos devem ter conhecimentos sobre a utilização dessas tecnologias; (2) os professores e os bibliotecários devem saber como utilizar os sítios de redes sociais nas suas aulas e utilizá-los em seu benefício; (3) devem ser os professores e os bibliotecários a promover a utilização desses sítios junto dos seus alunos, o que os ajudaria a melhorar o seu desempenho académico; (4) os professores devem também ser informados sobre o quê, porquê e como funcionam os sítios de redes sociais, para que saibam e possam ensinar os seus alunos sobre

(5) os professores e os bibliotecários devem também alertar os estudantes para as desvantagens da utilização dos sítios de redes sociais; (6) encorajar os estudantes a utilizar os sítios de redes sociais e a explorar as possibilidades de os utilizar como meio de realização de trabalhos escolares para melhorar o desempenho académico; (7) os sítios de redes sociais não devem ser filtrados ou bloqueados dentro da universidade para que tanto os professores como os estudantes os utilizem. Embora existam percepções negativas sobre os possíveis efeitos dos SRS no desempenho académico dos alunos, alguns estudos mostraram que os alunos consideraram bastante apropriado que um professor utilize o Facebook e que professores e alunos socializem por este meio (Baran, 2010). Os alunos também acreditavam que essas ferramentas poderiam permitir-lhes partilhar conhecimentos em contextos de educação formal. O estudo de Churchill (2009) mostrou que a utilização de weblogs ou "blogues" (publicação social) na educação facilitava um ambiente de aprendizagem útil.

Resumo

Os resultados do estudo são os seguintes:

1. O principal objetivo dos estudantes universitários ao utilizarem a Internet era a realização de trabalhos escolares.

2. Entre os sítios de redes sociais especificados, o Facebook e o YouTube são os mais utilizados pelos estudantes.

3. Os resultados do estudo mostraram que a frequência de utilização do Facebook e do YouTube teve uma diferença significativa, ao passo que os restantes sítios de redes sociais não apresentaram uma diferença significativa na perceção dos estudantes quando foram agrupados de acordo com a natureza do curso. Quando agrupados de acordo com o género, não há diferenças significativas na utilização dos sítios de redes sociais, exceto no caso do Plurk e do LinkedIn, em que se verificou uma diferença significativa.

4. Os estudantes consideraram que, em geral, havia um nível moderado de interesse na utilização de sítios de redes sociais.

5. Houve uma diferença significativa na perceção dos estudantes quanto ao nível de interesse quando foram agrupados de acordo com a natureza do curso. O resultado não revelou uma diferença significativa na perceção dos estudantes quanto ao nível de interesse quando agrupados de acordo com o género.

6. Os estudantes consideraram que existe um impacto positivo da utilização de sítios de redes sociais no seu desempenho académico na escola, especificamente quando os sítios de redes sociais são uma aplicação de comunicação eficaz que é útil em

instituições de ensino superior e utilizam os sítios de redes sociais para facilitar as actividades académicas e coordenar com os amigos. No entanto, os estudantes consideram que não há impacto da utilização de sítios de redes sociais no seu desempenho académico quando as suas notas foram comparadas antes e depois de terem participado em sítios de redes sociais.

7. Verificou-se uma relação fraca entre o impacto dos sítios de redes sociais no seu desempenho académico e a regularidade da utilização dos sítios de redes sociais.

CAPÍTULO 4. CONCLUSÕES E RECOMENDAÇÕES

Este capítulo apresenta as conclusões e recomendações do estudo.

Conclusões

Tendo em conta os resultados do estudo, as conclusões são as seguintes

1. Os estudantes dos grupos técnicos e não técnicos utilizam a Internet sobretudo para fazer trabalhos escolares e não para se divertirem.

2. Os estudantes dos grupos técnicos e não técnicos utilizam frequentemente o Facebook e o YouTube.

3. O grupo de estudantes não técnicos tem uma maior perceção da utilização dos sítios de redes sociais, especificamente o Facebook e o YouTube, do que o grupo de estudantes técnicos. Os estudantes do sexo masculino têm uma maior frequência de utilização dos sítios de redes sociais do que as estudantes do sexo feminino.

4. Os inquiridos têm interesse em utilizar os sítios de redes sociais.

5. O grupo de estudantes não técnicos observou um nível de interesse mais elevado do que os grupos técnicos na utilização de sítios de redes sociais. As estudantes do sexo feminino revelaram maior interesse do que os estudantes do sexo masculino na utilização de sítios de redes sociais.

6. A facilitação das actividades académicas e a aplicação de uma comunicação eficaz através da utilização de sítios de redes sociais podem melhorar o desempenho académico dos estudantes.

7. A frequência de utilização de sítios de redes sociais não afecta o desempenho

académico dos estudantes universitários.

Recomendações

Em relação aos resultados e às conclusões desta investigação, as recomendações são as seguintes

1. Os alunos devem continuar a utilizar as redes sociais especificamente para fins académicos.

2. Os alunos são incentivados a explorar outros sítios de redes sociais, para além do Facebook e do YouTube, para melhorar o seu desempenho escolar.

3. Os estudantes do sexo masculino e feminino matriculados em cursos técnicos e não técnicos são incentivados a utilizar os sítios de redes sociais conforme necessário.

4. Os alunos devem ser responsáveis, alargando a sua aprendizagem através da utilização de vários recursos com a utilização da Internet, como os sítios de redes sociais. Os professores são incentivados a incorporar sítios Web nos seus programas de estudo e a incluí-los nas suas aulas e debates, conforme adequado.

5. Os estudantes de cursos técnicos e não técnicos são incentivados a melhorar os seus conhecimentos na sua área de especialização principal utilizando os sítios de redes sociais. Tanto os estudantes do sexo masculino como do sexo feminino devem ser motivados a estar atentos à utilização dos sítios de redes sociais para fins educativos.

6. Sugere-se que os alunos estejam familiarizados com a exploração e determinação de informações credíveis e exactas para melhorarem pessoal e academicamente.

Recomenda-se a elaboração de um guia. Ver guia em anexo.

7. Os estudantes devem utilizar os sítios de redes sociais de forma intencional e adequada para terem um impacto positivo no seu desempenho académico.

8. Os professores e os bibliotecários devem trabalhar em colaboração para informar e educar os alunos sobre a utilização dos computadores e dos sítios de redes sociais. Indicar as vantagens e os efeitos nocivos para que os alunos maximizem a utilização dos sítios de redes sociais.

9. Outros aspectos dos sítios de redes sociais devem também ser estudados ou investigados. Temas como a forma como estes sítios afectam a relação com outros estudantes, os hábitos de estudo, os tipos de comportamentos em que estes estudantes se envolvem.

UM GUIA PARA A PESQUISA DE INFORMAÇÃO NA INTERNET

Critérios de seleção das páginas Web

1. Conteúdo

✓*Autoridade*

✓A página está assinada?

✓São apresentadas as credenciais do autor e, em caso afirmativo, são suficientes para o convencer de que se trata de uma fonte de informação fiável sobre este assunto?

✓*Organismo de publicação*

✓O autor da página está associado à organização que publicou a página?

✓A organização é uma fonte reconhecida de informações fiáveis?

- *Verificabilidade/exatidão*

✓Existem muitas imprecisões factuais óbvias e/ou erros gramaticais ou ortográficos?

✓É possível verificar informações não publicadas contactando a fonte?

✓A informação pode ser verificada noutras fontes publicadas e fiáveis?

- *Moeda*

✓Existe uma data de publicação e, em caso afirmativo, a informação é demasiado antiga para ser útil?

✓É possível determinar quando ou com que frequência a página é revista?

- *Preconceito*

✓O preconceito é ocultado pelo facto de não se identificar o autor, a organização ou o organismo de publicação?

✓A página apresenta uma posição autorizada, quer seja convencionalmente aceite, controversa ou politicamente influenciada?

- *Público*

✓Qual é o público-alvo do sítio Web?

- *Objetivo*

✓O sítio Web destina-se a ser educativo, informativo ou de entretenimento?

✓Como é que se compara com outras fontes da Internet e impressas que cobrem as mesmas informações?

2. Acesso

- *Pesquisa*

✓Se for caso disso, o sítio oferece um mecanismo de pesquisa do seu conteúdo? Em que medida funciona bem?

- *Organização*

  ✓O sítio é claro ou confuso? Está bem organizado? Consegue aceder facilmente às informações de que necessita, com um mínimo de deslocação entre diferentes níveis?

- *Tempo de descarregamento*

  ✓Quanto tempo demora a carregar o sítio?

  ✓Vale a pena esperar?

- *Estabilidade*

  ✓O URL é alterado frequentemente?

  ✓Se forem efectuadas alterações, o novo endereço é facilmente acessível?

- *Ligações*

  ✓São fornecidas ligações adequadas e funcionais?

  ✓As ligações estão anotadas?

3. Conceção

- *Construção*

  ✓A página é de fácil navegação ou o utilizador é obrigado a percorrer páginas de textos?

  ✓Existem secções "em construção" ou que não estão a funcionar?

- *Instruções*

  ✓As instruções essenciais estão disponíveis e são facilmente compreensíveis?

4. Gráficos

- Os elementos gráficos acrescentam algo à página ou desviam a atenção do seu conteúdo?
- Os gráficos são relevantes e/ou úteis?

Critérios de seleção de informações de vídeo (como o YouTube)

- Qual é o grau de sincronização entre o som e a imagem?
- Em que medida é que o vídeo retrata com exatidão acontecimentos da vida real?
- Qual é a mensagem que o vídeo pretende transmitir?

Informações adicionais:

1. As informações encontradas na Internet são organizadas de acordo com a localização geográfica, como todos os países do mundo têm um sufixo de país, exceto os EUA.

Exemplo:

.ph	Filipinas
.au	Austrália
.be	Bélgica
.ca	Canadá
.ch	Suíça
.cn	China
.de	Alemanha
.dk	Dinamarca
.es	Espanha
.fi	Finlândia
.fr	França
.gu	Guame
.hk	Hong Kong
.in	Índia
jp	Japão
.kp	Coreia do Norte
.kr	Coreia do Sul
.kw	Kuwait
.mx	México
.meu	Malásia
.nl	Países Baixos
.não	Noruega
.nz	Nova Zelândia
-sg	Singapura
.th	Tailândia
.uk	Reino Unido

2. Normalmente, o nome de domínio de um computador anfitrião tem o seguinte aspeto:

nome do servidor, nome da organização, tipo de organização, nome do país

Exemplo: www.bsu.edu.ph

www.mail.yahoo.com

3. Os nomes das extensões (tipo de organização) que se seguem são frequentemente utilizados na pesquisa de informações na Internet. Deve-se ter em atenção o seu significado.

Abreviatura e significado

.ac	Academic
.co	Company
.com	Commercial
.edu	Educational
.gov	Government
.mil	Military
.net	Network
.org	Organization
.tv	Television

4. Tendo em conta os nomes de extensão acima, note-se que aqueles com nomes de extensão **.ac, .edu, .gov, .mil e .org** são considerados sítios Web credíveis.

LITERATURA CITADA

ADANZA, E. 2010. Estatísticas: um sistema de apoio à investigação (Programa SSSR). Manila: National Book Store.

AHMED, I. et al. 2011. An Investigation of SNS Usage and Its Impact on Studying Habits and Academic Performance of University Students [Uma Investigação sobre a Utilização de SRS e o seu Impacto nos Hábitos de Estudo e no Desempenho Académico dos Estudantes Universitários]. Research Journal of International Studies (21).

ARRINGTON, M. 2005. 85% dos estudantes universitários usam o Facebook. TechCrunch. http://techcrunch.com/2005/09/07/85-of-college- students-use-Facebook/. Acedido em 29 de abril de 2012.

BANKS, E. 2011. Facebook é a rede social mais popular para todas as idades. http://mashable.com/2011/11/04/facebook-most-popular-forrester/. Acedido em 8 de agosto de 2012.

BANQUIL, et al. 2009. Social Networking Sites Affect One's Academic Performance Adversely. Tese de mestrado não publicada, Universidade de Sto. Tomas, Manila.

BANDURA, A. 1977. Social learning theory. Michigan: Prentice-Hall.

BARAN, B. 2010. O Facebook como um ambiente de instrução formal. British Journal of Educational Technology, 41 (6).

BARKER, V. 2009. Older adolescents motivations for social network site use: the influence of gender, group identity, and collective selfesteem. CyberPsychology and Behavior. 12(2).

BOOGART, V. e M. ROBERT. 2006. Descobrindo os impactos sociais do Facebook em um campus universitário. Tese de mestrado não publicada, Universidade Estadual do Kansas, Kansas.

BOUJLALEB, N. 2006. Adolescents and Peer Pressure. http://www.aui.ma/old/VPAA/cads/research/cad-research-student- 06-adolescents-peer.pdf. Acedido em 9 de maio de 2012.

BOYD, D. 2007. Porque é que os jovens (gostam) de sítios de redes sociais: The role of networked publics in teenage social life. MacArthur Foundation Series on Digital Learning-Youth, Identity,and Digital Media Volume. Cambridge, MA.

BOYD, D. e N. ELLISON. 2007. Social network sites: definition, history, and scholarship. Journal of Computer-Mediated Communication, 13(1). . . . .. .

BRODERSEN, A., S. SCELLATO, e M. WATTENHOFER. 2012. Youtube à volta do mundo: popularidade geográfica dos vídeos. Comité Internacional da Conferência Mundial.

CAIN, J. 2008. Online Social Networking Issues Within Academia and Pharmacy Education" [Questões relativas às redes sociais em linha no meio académico e no ensino da farmácia]. American Journal of Pharmaceutical Education. 72 (1).

CALDERON, J.F e E.C. GONZALES. 1993. Métodos de investigação e redação de teses. Cidade de Mandaluyong: National Book Store.

CAPANO, N" J. DERIS, e E. DESJARDINS. 2010. "Social Networking Usage and Grades Among College Students" [Utilização de redes sociais e notas entre estudantes universitários]. Whittemore School of Business and Economics, http://www.unh.edu/news/docs/ UNHsocialmedia.pdf. Acedido em 2 de maio de 2012.

CHENG, J. 2010. As notas não caem para os amigos universitários do Facebook. http://arstechnia.com/science/news/2010/07/grades-dont-drop-for- college-facebook-fiends.ars. Acedido em 12 de abril de 2012.

CHURCHILL, D. 2009. Aplicações educativas da Web 2.0: utilização de blogues para apoiar o ensino e a aprendizagem. British Journal of Educational Technology, 40(1).

COYLE, C. e H. VAUGHN. 2008. Redes sociais: Revolução ou evolução da comunicação. Bell Labs Journal, 13.

EFEITO DAS REDES SOCIAIS NO HÁBITO DE ESTUDO DOS ESTUDANTES. http://ivythesis. typepad.eom/term_paper_topics/2009/11/effect-of- social-networking-to-students-study-habit.html. Acedido em 30 de abril de 2012.

ELLIS, Y., B. DANIELS, e A. JAUREGUI. 2011. O efeito da multitarefa no desempenho de notas de estudantes de administração. Research in Higher Educational Journal.

ENRIQUEZ, J. 2010. Facebook e outros sites de redes sociais online podem baixar notas, diz estudo. http://Social networking sites/Facebook and other online social networking sites can lower grades, study says _ Seer Press.htm. Acedido em 12 de abril de 2012.

FLAD, K. 2010. A Influência da Participação em Redes Sociais no Desempenho Académico dos Estudantes em função do Género. Counselor Education Master's Theses, http://digitalcommons.brockport.edu/ edc_theses/31. Acedido em 30 de abril de 2012.

FLETCHER, D. 2010. Amigos sem fronteiras. Time, 175(21).

FRAENKEL, J. e N. WALLEN. 2005. Como conceber e avaliar a investigação em educação. 6th ed. NY: McGraw Hill.

GARCIA, L. 2010. Social Networking and Its Impact on Filipino Youth - research presentation. http://www.scribd.com/doc/28373423/Social -Networking-and-Its-Impact-on-Filipino-Youth-Dr-Lenardo-R- Garcia-Jr-CPM. Acedido em 9 de maio de 2012.

GULDNER, C. e P. STONE-WINESTOCK. 1995. A utilização da sociometria no ensino a nível universitário. Journal of Group Psychotherapy, Psychodrama & Sociometry, 47(4).

HANSEN,M.,J.CHILDRESS,andD TRUJILLO. 2010. Trabalho apresentado na Reunião Anual da Association for Institutional Research, Chicago, IL.

HARGITTAI, E. e Y. HSIEH. 2010. Preditores e consequências de práticas diferenciadas em sítios de redes sociais. Informação, Comunicação e Sociedade. 13(4).

HARRIS, J. 2011. Social media minute twitter email notifications, youtube's popularity soars. http://www.cmswire.com/cms/ enterprise-20/social-media-minute-twitter-email-notifications- youtubes-popularity-soars-011380.php. Acedido em 11 de agosto de 2012.

HAYTHORNTHWAITE, C. 1998. A Social Network Study ofthe Growth of Community Among Distance Learners, na Conferência sobre Investigação e Informação na Internet para Cientistas Sociais, Bristol, Reino Unido.

HELOU, A. e N. AB.RAHIM. 2011. A influência dos sites de redes sociais no desempenho académico dos estudantes na Malásia.

Conferência Internacional sobre Estudos da Internet. Kuala Lumpur, Malásia.

HONG, K., A. RIDZUAN e M. KUEK. 2003. Atitudes dos estudantes relativamente à utilização da Internet para a aprendizagem: Um estudo numa universidade da Malásia. Educational Technology & Society, 6(2), p. 45-49.

ISHAK, M. 2012. The impact ofsocial networking. http://myconvergence.com.my/main/images/stories/.../MyCon06_50.pdf. Acedido em 1 de maio de 2012.

JUNCO, R. 2010. Multitasking tem efeito negativo no trabalho académico dos alunos, http://blog.reyjunco.com/multitasking-has-negative-effect-on- student-academic-work. Acedido em 4 de agosto de 2012.

JUNCO, R., e J. MASTRODICASA, 2007. Conectando-se à geração net: O que os profissionais do ensino superior precisam de saber sobre os estudantes de hoje. Washington, D.C.: Associação Nacional de Administradores de Pessoal Estudantil.

KADUSHIN, C. 2004. Introdução à teoria das redes sociais. http://hevra.haifa.ac.il/~soc/lecturers/talmud/files/521.pdf. Acedido em 8 de maio de 2012.

KAPUT, M. 2012. As vantagens doyoutube na educação. http://www.ehow.com/info_10049305_advantages-youtube- education.html. Acedido em 9 de agosto de 2012.

LIU, X., R. MACMILLAN, e V. TIMMONS. 1998. Integrar os computadores no currículo: Como os professores podem dificultar o uso de computadores pelos alunos. *McGill Journal of Education,* 33 (1).

LIVINGSTONE, S. 2008. Taking risky opportunities in youthful content creation: teenagers' use of social networking sites for intimacy , privacy and self expression. Novos media e sociedade. 10 (3).

MARENTIS, C. 2012. Facebook vs youtube - o que é melhor para SEO de vídeo. http://www.reelseo.com/facebook-vs-youtube-seo/. Acedido em 9 de agosto de 2012.

MARTIN, C. 2011. Uso de redes sociais e notas entre estudantes universitários. Escola de Gestão e Economia de Whiitemore. Universidade de New Hampshire.

MITRA, A., e T. STEFFENSMEIER. 2000. Alterações nas atitudes dos alunos e na utilização do computador pelos alunos num ambiente enriquecido com computadores. Journal of Research on Technology in Education, 32 (3).

O'DEL, J. 2011. Para os alunos, qual é o "efeito facebook" nas notas? http://mashable.com/2011/04/27/facebook-effect-students/. Acedido em 30 de agosto de 2012.

OBLINGER, D. e J. OBLINGER. 2005. Educar a Geração Net. EDUCAUSE. http://www.educause.edu/educatingthenetgen/. Acessado em 30 de abril de 2012.

OSWALD, H. e K. SUSS. 1988. The Influence of Parents and Peers on is conduct at School: Simultaneous and Synergistic Effects. Califórnia: McGraw-Hill Companies, Inc.

PAKHARE, J. 2012. Vantagens e desvantagens da Internet. http://www.buzzle.com/articles/advantages-disadvantages- internet.html. Acedido em 23 de novembro de 2012.

PANDIT, M. 2012. Vantagens da Internet na educação. http://www.buzzle.com/articles/advantages-of-the-internet-in- education.html. Acedido em 23 de novembro de 2012.

PASEK, J., E. MORE e E. HARGITTAI. 2009. Facebook and academic performance: reconciling a media sensation with data. http://firstmonday.org/htbin/cgiwrap/bin/ojs/index.php/fm/article/view /2498/2181. Acedido em 10 dc maio de 2012.

RAIZADA, R., T. VINAYAK, e G. SRIVASTAV. 2009. O efeito dos sítios de redes sociais na vida pessoal das pessoas. http://www.scribd.com/doc/13653301/The-Effect-of-Social- Networking-Sites. Acessado em 28 de abril de 2012.

RICHARDSON, W. 2010. Blogues, Wikis, Podcasts e outras ferramentas Web poderosas para as salas de aula. Califórnia: Corwin Press.

ROTTER, J. B. 1954. Social learning and clinical psychology. Nova Iorque: Prentice-Hall.

ROUIS,S.,M.LIMAYEM,e E.SALEHI-SANGARI. 2011. Impacto da utilização do facebook no rendimento académico dos alunos: papel da autorregulação e da confiança. Revista eletrónica de investigação em psicologia educacional. 9 (3).

RUSSELL, J. 2011. Philippines named social networking capital of the world. http://asiancorrespondent.com/54475/philippines-named- the-social-networking-capital-of-the-world-indonesia-malaysia- amongst-top-10/. Acedido em 8 de agosto de 2012.

SAEED, N., Y.YANG, e S. SINNAPPAN. 2009. Tecnologias Web Emergentes no Ensino Superior: A Case of Incorporating Blogs, Podcasts and Social Bookmarks in a Web Programming Course based on Students' Learning Styles and Technology Preferences. *Educational Technology & Society, 12* (4), 98-109.

SHAH, D., N. KWAK, e R.L. HOLBERT. 2001. "Connecting" and "disconnecting" with civic life: Patterns of Internet use and the production of social capital. Political Communication, 18.

SIIBAK, A. 2009. Constructing the self through the photo selection- Visual impression management on social networking websites. *Journal of Psychological Research on Cyberspace, 3*(1).

SMITH, J. 2009. A utilização do Facebook por parte dos estudantes universitários diminui durante o verão, enquanto os pais se ligam em números recorde. Inside Facebook. http://www.insideFacebook.com/2009/07/06/college- students-Facebook-use-easing-up-over-the-summer-while-parents- logging-on-in-record-numbers/. Acedido em 1 de maio de 2012.

USO DO SNS, http://www.blog.nielsen.com. Acedido em 29 de abril de 2012.

USO DO SNS, http://www.socialadblog.com. Acedido em 29 de abril de 2012.

SURFING, http://www.phrases.org.uk/meanings/surfing.html. Acedido em 4 de agosto de 2012.

STOLLAK, M. et al. 2011. Getting social: o impacto da utilização das redes sociais nas notas dos estudantes universitários. Conferência Anual da ASBBS: Las Vegas. 18 (1).

SUBONG, P. e M. BELDIA. 2005. Statistics for research: applications in Research, thesis and dissertation writing, and statistical data management using SPSS software. Manila: National Book Store.

THAM, J. e N. AHMED. 2011. A utilização e as implicações dos sítios de redes sociais: A survey of college students. Journal of interpersonal, intercultural, and mass communication. 2 (1).

THOMAS, J. 2007. Social networking sites effect on relationships among college students, http://voices.yahoo.com/social-networking-sites- effect-relationships-among-570142.html. Acedido em 28 de abril de 2012. .

DEZ PRINCIPAIS SITES DE REDES SOCIAIS EM 2010. http://en.wikipilipinas.org/index.php?title=Top_10_Social_Networking_Sites_in_the_Philippines_%282010%29. Acedido em 20 de abril de 2012.

TUFEKCI,Z. 2008. Canyousee me now?Audienceand disclosure regulation in online social network sites. Boletim de Ciência, Tecnologia e Sociedade. 28(1).

TUCKMAN, H.P. 1975. Teacher Effectiveness and Student Performance (Eficácia dos Professores e Desempenho dos Alunos). The Journal of Economic Education, 7(1).

VALENZUELA, S., N. PARK, e K. FEE. 2008. Lessons from facebook: the effect of social network sites on college students' social capital [Lições do Facebook: o efeito dos sites de redes sociais no capital social dos estudantes universitários]. 9th

Simpósio Internacional de Jornalismo Online. Austin, Texas.

VALLE, A., S. et al.. 2009. Objectivos académicos: perspectivas históricas e conceptuais e implicações educativas. Revista Eletrónica de Investigação em Psicologia da Educação. 7(3).

WAS, C. 2006. Orientação para o objetivo de realização académica: um novo olhar. Revista eletrónica de investigação em psicologia da educação. 4(3).

WORLD MAP OF SOCIAL NETWORKS 2010. http://www.dreamgrow. com/world-map-of-social-networks-2010/. Acedido em 10 de maio de 2012.

YANG, H. e J. TANG. 2003. Effects of social network on student's performance: a web-based forum study in Taiwan. JALN. 7(3).

Printed by Books on Demand GmbH, Norderstedt / Germany